凡所遇到的，都是生

四季蛻變

生活的智慧便是在每一個瞬間尋找意義

李玲玲 著

春季探索生命奧祕，夏季面對真實的自己
秋季在孤獨中成長，冬季從挑戰中找希望
一本描寫尋找人生意義與自我蛻變的書籍

目錄

目錄

夏

秋

冬

前言

隨著手指在鍵盤上輕快的敲打，我終於寫完了本書內容的最後一個字。這些年來，遇見了很多事，也遇到了很多人，而自己就像一個冷靜的傾聽者，帶著一份理智和真誠去解讀他們故事中的悲歡離合。說真的我還有很多話想跟大家說，可如此這般千言萬語，即便是書寫一生又怎麼能寫的完呢？

用高曉松的話說：「其實每個人的人生都是帶著自己的劇本來的。」我們每天都在書寫自己的故事，也在不斷的翻閱著別人的故事，經歷著一場又一場命中注定的遇見。而現如今，時代在發展，人們的內心也在不斷地發生變化，用他們的話說：「如今的快樂已經不是曾經的快樂，而如今的悲傷也已經不是以前的悲傷。」而作為一名心理諮商師，專注於心靈研究的我，越深刻意識到，科技的發展不應僅僅帶來的是經濟的提升，相反作為人，我們更需要的是開啟我們自身內在的力量，因為只有豐富了我們的內心世界，才更容易找到幸福。

如今常常有人跟我說：「玲玲老師啊！我好痛苦，為我指點迷津吧！」、「玲玲老師你的話好有力量，我現在又失落了，快給我點勇氣和力量吧！」每次遇到這樣的情況，我都是一陣的搖頭。我真的很想說：「親愛的，這個世界上唯一的救世主就是你自己，別人僅僅是個助力，而不是你的依靠，想達到內心徹底的解放，就要首先學會對自己承擔起百分之百的責任，而不是把這份責任推到別人身上。」

出於職業的經驗，我發現如今太多的人缺乏照顧自己的能力，太多人不知道怎樣去處理情緒的波動，以至於很多人的內心深處都呈現出病態，開始負面、絕望、墮落、傷害，稍稍歷經點風雨，就感覺自己已經遍體鱗傷。這讓我意識到，儘管如今的人們出於各種原因強裝出一副強悍的外表，可事實上，內心卻是無比脆弱的。它需要照顧，需要撫慰，需要有人指點迷津，需要不斷地驅散負能量，需要美好而幸福的光，卻又對這光不斷地產生質疑。

本書收集了我多年從業經驗的一些案例故事，裡面每一個鮮活的人物，都經歷了一番屬於自己的愛恨情仇、煩惱憂傷、焦慮迷茫，相信只要你用心比對尋找，總會從中找到自己的影子。我珍惜每一次生命中的遇見，不管它是好或不好，全然都是自己生命中不可缺少的。我鼓勵別人珍惜生命中的每一個遇見，不管快樂的、憂傷的，那都是人生旅程中最精彩的。同樣我也非常期待著這本書與有緣的你不期而遇，讓我們以文字的方式獲得更好的連結，和你在這本書中維繫一段完美的溝通。我真誠地感激你能以閱讀的方式來傾聽我的這番獨白和絮叨，也真誠地希望它能夠給你帶來貨真價實的啟發和力量。總之，還是那句話：凡所遇到的，都是生命的美意。珍惜這份美意，便能找到那片心靈深處最美的福祉。

李玲玲

春

萬物復甦，情感交融，

每一個故事的開始，都孕育著一個不同尋常的結局，身心在意識的復甦中生氣盎然，

冥冥中一種渴望強大的慾望正在蠢蠢欲動，

傾聽內心的聲音，看看它在說些什麼，

清茶沸湧，清香襲來，

靜待品味，那簡單中的真實。

第一章

故事從一開始，就為了一個截然不同的結局

一則故事，一場結局，

伴著春的步調，尋找生命中最神聖的奇遇

順應著起始與綠蔭色的呼喚，

體驗來自宇宙最博愛的能量。

或許這就是身心的一場鉅變，

越是不確定，越是覺得其樂無窮。

親愛的，你的劇本開拍了嗎？

這幾天思考了很多問題，我總希望在本書的開篇帶給大家最全新的感受，好比一個絕妙的劇本，必須有一個精彩的開頭。前段時間看了一篇音樂鬼才高曉松的文章，其中有這樣一段話吸引了我：「其實每個人的人生都是帶著自己的劇本來的。這樣一路走來，讓我感到自己真的很幸運。」是啊，人生是一段很奇特的旅程，我們會看到很多的人，經歷很多的事，明白很多的道理，然後悄然睡去，隨著時空的飄逸不知又要到哪裡，那將是一段嶄新的旅程，預示著新的開始，新的輪迴，一場冬雪一場春，此時此刻的自己，正活在充滿春意的氣息裡，倘若來生是一種未知，那至少我們可以認真的咀嚼自己的此生此世，過去的已經過去，未來的還未到來，著眼於當下的美好，才是最要緊的事情。

曾經有一個朋友對我說：「玲玲，你知道嗎？我覺得自己的人生真的糟糕透了，它好像是各種亂七八糟事物的拼湊，讓我過得沒有絲毫頭緒，心裡就充斥著各種的煩惱。很多人都說要微笑面對生活，你微笑著對它，它就會給你快樂和幸福，可是說真的，面對眼前的一切我真的笑不出來，我不知道自己到底出現了什麼問題。」

聽了他的話，我真的感慨良多，猜想現在很多人都在面對著這樣的問題，我們本希望自己的劇本，在剪輯的過程中，能夠有更完美的效果，卻發現自己留下的並不是最精彩的部分，而是那些凌亂的片段。這讓我們的思想越來越跳躍，讓我們在選擇面前越來越迷茫，面對內心無盡的慾望和太多沒有落實的目標，我們真的手足無措，不知道自己的劇本該如何下筆，不知道故事應該如何朝著自己滿意的方向推進。一切憧憬，一切靈感，一切完美的影像和鏡頭都突然被煩亂的心緒卡住了。結果脾氣暴漲，恨不得立刻摔掉自己手裡的「攝影機」，怒吼著對著鏡子中的自己說：「什麼理想，全是騙人，我不做了。」

可是你知道嗎？這個世界獎勵的永遠是那些不驕不躁的人，他們明知道前方深藏著未知和恐懼，明知道自己難免要應對一番凌亂的思緒，卻從沒有停下自己的腳步，也沒有以失態的方式讓自己深陷尷尬。

渾水自然會清澈，真知灼見往往都是沉澱後的精華，人生中精彩的每一步，都應該包含著一種靜態的美感，想要書寫精彩，首先要做的就是控制好自己的情緒，平靜的呼吸會無形中將平靜滲透到潛意識，隨後，我們理性的大腦便開始了周密的運作，梳理，分析，自成體系，一切的一切伴隨著思緒的完善呈現出驚喜的畫面，這就是我們對自己的安排，專注讓每一個細節變得與眾不同，充滿了神奇的色彩。

出於職業的原因，我傾聽過很多人的心聲，大多數人覺得給自己帶來痛苦的原因，莫過於現實與理想的失衡，他們每個人都有自己非常滿意的人生劇本，卻無法在現實生活中兌現自己的彩排，以至於想像的越完美，背後的痛苦越深刻，這讓他們倍感無助焦慮和恐慌。

之所以出現這樣的問題，是因為我們將關注重點過多集中於外在，卻很少有時間體察自己的內心，畢竟對於這個世界而言：「不忘初心」四個字是難能可貴的，與其將能量用來對抗這個世界，不如閉上眼睛問問自己：「你變了嗎？」其實尋找這個答案本就不是那麼容易的，我們不是佛陀，能靠著一顆心扭轉世界，但至少也要做到不那麼容易被外界所左右，倘若你可以依靠這份定力規避諸多的凌亂，最終的結果也不會是這麼糟糕，太多人在構思劇本的途中因為各種原因將它擱置一旁，本來可以實現的一切，就這樣在無意識中放棄了，這個世界每天不知道有多少優質的點子可以給人帶來成功，但就是因為這個原因，它們並沒有在現實生活中呈現，更糟糕的是，還有不少人，因為這些點子將自己的生活陷入癱瘓，不是因為老天爺沒有賜下福祉，是因為自己半路上思緒凌亂，起起落落，彎彎繞繞，最終不知道把自己的風向儀開向了哪裡，這才是最要命的問題。那究竟怎樣才能完成人生這部高效率的劇本呢？最主要的核心就在於，我們要對自己有全面的掌控能力。我們要深入的了解自己，我們要將所有的力量聚焦到生命最富有亮點的每一個鏡頭，我們要在自己的腦海中將這趟生命的旅程形成一套完美而精細化的體系，然後保持清醒，時刻堅信，不斷優化，敞亮內心。

其實就人生而言，需求什麼，都可以得到。就天地而言，每個人都是能量的載體，聚焦你想要的會得到，聚焦你不想要的也會得到。所以我們必須及時設計好自己的人生模式，讓心想事成的神奇能量傾注到自己的世界，它是擁有獨到風格的，它是具備核心目標的，我們的生命有限，所以不能什麼都想要，什麼都想拿，什麼都想擁有，慾望的負累太多了，背在身上怎麼會不凌亂，又怎能不勞累？所以，讓一切自成體系吧！集中所有的力量，去呈現自己理想的狀態，當美好的一切，經過理性的規劃而越來越清晰，你就會發現，原來將劇本照進現實並不是什麼神話，它就是生活，有血有肉，真真切切的生活。

所以，不如就讓我們在本書的開頭，為自己的劇本列個簡單的邏輯大綱吧！認真思考以下幾個問題，然後把它做成書籤，夾在這本書裡伴著一頁頁地閱讀，不斷去總結心得，然後努力思考，將其間的重點標注出來，然後看看能不能為自己找到滿意的答案。

1. 你覺得你自己是一個什麼樣的人？
2. 在有限的人生旅程中，你希望自己能夠擁有什麼？
3. 在你的思維意識裡，什麼才算是真正的成功、幸福和快樂？
4. 你覺得你應該為自己嚮往的一切付出怎樣的努力？
5. 如果可以選擇，你認為人生應該經歷怎樣不同的階段和過程？
6. 你是否對自己能夠實現心中美好的願景充滿信心？為什麼？
7. 假如人生是部劇本，你認為自己的那一部題材是什麼？是悲還是喜？
8. 將你所擁有的，和可以為自己做的一切都羅列出來，看看自己究竟有多少隱性的財富。

總結好了這幾點，我們就可以開始進行下面的程序，人們常說：「讀史可以明志」，在接下來的日子裡，我們就透過別人的故事來思考自己，同時也將自己這部人生大戲有效地進行編排，快速地擺脫不必要的束縛和困境，讓人生在不斷的覺悟中直達幸福的彼岸。

所以，親愛的，你的劇本開拍了嗎？如果覺得思緒尚不明朗，就千萬不要再錯過這樣一班開啟靈性與智慧的豪華列車，相信它必將成為你生命中的美遇，可以讓你在閃亮的光環中，涅槃重生，從此給自己的故事帶上無數個與眾不同的驚嘆號。

什麼才是生命中最神聖的禮物

在人生的不同階段，每個人都會接到來自上天不同的禮物，有些時候想，倘若自己真的是神話世界裡的阿拉丁，能夠遇到具有神奇魔力的神燈該有多麼幸運，我真的不用它給我太多許願的機會，只要一次就好，心願也不過幾個字「心想事成」！這樣一來，它就將成為我一輩子的財富，我所有的願望都會實現，那該是一件多麼美好的事情啊！

只可惜現實生活中的我們，貌似沒有誰會有這樣神奇的禮物，卻每天朝思暮想的渴望著成功，甚至不惜張揚式的陳述自己的慾望，導致慾望越貪婪，結果越骨感，我們都知道天上是不會掉餡餅的，可心卻冥冥中期待著什麼，好像上天真的會把一份神聖的禮物，交託在我們的生命裡。所以試著想想吧？它到底是什麼？而在你短暫的人生旅途中，你又最希望它是什麼？回望過去的人生經歷，那些美好的、失落的、歡喜的、悲傷的，都伴隨著窗外的風景，萬物生長，落葉飄零，其間的感受雖算不上深刻，卻也猶如烙印，一個個的印在了心底，老實說我曾經忽略了它給予自己的價值，直到現在才意識到這一切對我來說，是何等的重要。一切的愛與恨，喜與悲，猶如春日的暖陽，是上天的禮物和恩賜，讓自己的人生因此而變得真實。或許每個人都在自己經歷不如意的時候，期待過外來的救世主能幫助自己搞定一切，但事實是，當這一切發生的時候，唯一能夠支撐你的人，只有你自己。闖過了關，快樂讓我們變得自信，沒闖過去，磨難讓我們日漸成熟，有些人說那種肉裡長鎧甲的感覺，實在太痛苦了，雖然最後的結果是強大，但整個過程，就好像太陽不是為自己升起，藍天不是為自己而遼闊。可在我看來，天地已經承載了我們的一切，或許你承擔的不過是力所能及小小的一部分，但凡是你遇見的，必然是上天想要教會你點什麼，認真的去領會，細細的去品味，總是可以從中品出味道，而你所領會的，無論是幸福還是傷感，那都是上天恩賜給你的禮物。人生本就是由自己定義的，老天爺沒有刻意要我們在有限的時間裡做什麼，但凡是你想要的，都可以透過自己的努力去爭取，痛苦也可以是喜悅，流淚也是一種難得的幸福，只要你覺得好，那一切都是最好的安排。

這個世界是對立的，有期許就會有毀滅，主要原因還是在於我們人自身游離不定的內心。世界種種的災難不論是身心還是自然，事實上都是與我們自身的意念息息相關的，人在內心不定的狀態下，因為情緒的波瀾所釋放出來的負面能量，雖是無形，卻也甚為強大，因為人是宇宙體系的縮影，倘若不能讓身心保持在寧靜平和的狀態下，負面的力量也將承載著宇宙之力，在這個世界發作，最終危害了自己的同時也危害了別人，乃至於自然界中本與我們距離很遠的生靈。

由此看來，如何能有效的運用周身的能量就顯得很有必要了，上天早就把能夠成功的一切元素恩賜給了我們，成不成功完全在於我們運用這些財富的能力。這就好比是生命中的一場遊戲，你玩的越開心，收穫就會越豐富，而你走的越猶豫，身上的重擔就會越沉重。細細想來，之所以痛苦，或許就是因為心中還有困惑，還有事情沒想明白，道家講：「得機而動，則能成絕代之功，如其不遇，沒身而已」，乘勢之時，不要錯過，機不逢時，恬靜安隱，不管什麼時候，都不要因為情緒而亂了方寸，控制好自己，也就控制好了局面，這就是運用自身能量的智慧所在。人的一生中，總會在不經意間，與機會不期而遇，倘若這時候萬事俱備，心想事成就成為必然，關鍵是未必我們所有人都能意識到，我們沒有關注到運勢，卻只關注到了自己的情緒，任由它無止境的爆發，以至於想做的事情沒有做，卻陷入了負能量無止境的糾纏。直到有一天下意識的走出來，才發現當時矜持的一切真的都沒有太大的意義，可屬於自己最好的那一部分，卻不知道要到哪裡去尋見，當然這也是一種得到，老天爺的教化是無形的，能明白這一點，以後不再受到情緒的牽絆，也是一份難能可貴的禮物。

其實每個人都是具備心想事成的能力的，這是上天早就應許給我們的禮物，曾經有一位偉大的修行者就曾說過：「當一個人修行到一定程度，實現自己的願望其實是一件相當簡單的事情，只要他能夠恰到好處的管理好自己，運作好周身的能量，第二天，乃至下一個當下，自己就可以心想事成。只可惜大多數人都無法保持這種高度的知覺和專注，無法衝破內心的局限，還不到二個小時，自己就開始浮躁不安，這樣還怎能實現自己的目標呢？浮躁一來，煩惱就會跟著來到，這種不安讓人深陷痛苦，注入消極，痛苦，詛咒的負面念頭，就會在意識中不斷的疊加，最終匯聚成一股能量，將自己曾經嚮往的一切付之一炬，哎！內心越凌亂，境界越痛苦，但這個境界的牢籠，都是自己給自己設計的啊！」

當我看到上述文字的時候，內心一下子被震撼到了，人活在天地之間，吸取的是來自宇宙世界的精華，上天早就將能量的福祉傾注在我們的靈魂裡，那是帶著我們行走一生的禮物，可我們卻沒有能夠正確地運用它得到幸福，反倒是借用這一切來殘害自己，簡直是錯失了祂的初衷和美意。人們常說，生容易，活容易，生活不容易，之所以不容易，是因為我們要對自己所經歷的一切擔負起百分之百的責任，如何運作好生命中的一切，是我們來到這個世界上最重要的一門必修功課。

世界是一所大學堂，我們來到這裡總是要踐行一些事情，能量是上天的天賦神力，也是上帝發給我們用來了解自己的工具，與其說短暫的人生是讓我們謀取點什麼，不如說它是要教會我們經營好自己的靈魂，將它安住在祥和穩定的狀態中。好也罷，不好也罷，都不要再受到情感的牽絆，這樣才能更清晰的看清前方的路，正如佛陀所說：「你的生命目標就是找到你的使命，然後全身心的去實現它。」試問親愛的朋友，你的使命在哪裡，你的路在哪裡？如果你看清了一些，請不要有那麼多顧慮，放下情緒，放下不安，帶著那無限量的喜悅和正能量，勇敢上路吧！

為誰而活更自在？在哪裡活更精彩？

前段時間遇見一個前來進行心理諮商的先生，他收入頗豐，擁有美好的家庭，事業看起來也蒸蒸日上，卻是一副苦惱的樣子。他告訴我，儘管別人覺得他生活美滿，婚姻幸福，自己也覺得自己應該安於這種幸福，卻不知道為什麼，總是快樂不起來，每天都活得心驚膽戰。他說自己的臉上彷彿帶著一副面具，每天都在小心翼翼的扮演著每一個角色，一旦對方的情緒發生變化，自己就會陷入無止境的不安和緊張，諸如：「我自己是不是哪裡不對？」、「我是不是做錯了什麼？」這樣的疑問便開始讓他陷入焦慮，這麼一來二去一折騰，很快就把自己搞得身心俱疲，儘管自己也告訴自己，不能再這樣提心吊膽的活下去了，卻無法卸下這份偽裝。每當這個時候，他都試圖去努力尋找自己過去的影子，卻怎麼也找不回那種舒適的感覺，於是就這樣眼睜睜的看著自己活成了別人的樣子，自己真的越來越不像自己了。

他說：「每當夜深人靜的時候，我就會輾轉難眠，而也只有這個時候他才隱約能聽見來自自己心底的呼喚，我經常自己對自己說：『你的人生一定要精彩，絕對不能僅此而已。』每每想到這句話，就不覺壓力沉重。我常常怎麼也閉不上自己的眼睛，覺得自己在人世活了三十多年，卻始終沒有嘗到精彩的感覺，那是一種怎樣的淒涼啊！」或許是因為敏銳的感覺到思路不對，最終他選擇向心理諮商師求助，我也就因此締結了這個緣分，他說他希望我能幫他開啟心門，能讓自己真實的做自己，從此不再感受這樣的痛苦。

聽了他的傾訴，我整理思路，問了他這樣一個問題：「在你眼中，真正的自在是什麼樣子？如果真正放鬆下來，你覺得你會做些什麼事。不要馬上告訴我，閉上眼睛三分鐘想一想，告訴我眼前浮現的畫面是什麼？」

於是這位先生很配合的閉上眼睛，三分鐘下來，他的眼睛滿含熱淚。他告訴我他看到了一望無際的大草原，自己一個人在草原的公路上狂奔，天很藍，草很青，眼前的天和草一望無際，他呼吸著新鮮的空氣，開著車一路就這樣走，卻不知道哪裡是終點。他覺得這種狀態最容易讓自己放鬆下來，自己可以什麼都不想，只是專注的看著前方，日落日出，轉瞬即逝，白天黑夜無足輕重，那種感覺好像自己一腳邁進了永恆，沒有任何負擔，心有一種瞬間解脫的感覺。這種感覺實在太美，以至於當自己知道馬上要睜眼面對現實的時候，不禁難過的要落淚了。

我點點頭，問了他第二個問題：「現在想一想，那些讓你緊張的一幕一幕，那一刻你究竟在害怕什麼？在恐懼什麼？」

這位先生喝了口水，沉默了一會說：「我怕我做不好，或者說我怕我做得沒有以前好，我怕我勝任不了要承擔起的責任。我怕讓別人失望，一旦讓別人失望，我會覺得那是我的罪過，是我做得不夠好。其實我每天都在逃避，我有很多問題都不想面對，但是沒有辦法，我必須要面對，還必須要耐住性子一件一件的把它處理好。很多次我都想摔桌子，心想去它的吧，讓這一切的一切都從眼前消失吧。但回過神來，我不得不為我的軟弱而羞恥，我還是會坐下來，將手裡的文件一份份的整理好，然後繼續一件件的去處理，直到上級帶著滿意的微笑，我的心才終於踏實下來。」

兩個問題以後，我更加堅信了自己的判斷，我半開玩笑的說：「您的問題用老子的一段話就能概括，老子說：『寵辱若驚，貴大患若身。何為寵辱若驚？得之若驚，失之若驚，是謂寵辱若驚。何為貴大患若身？吾所以有大患者，為吾有身，及吾無身，吾有何患？』您不光是被心累，還被身累，這樣失調的狀態時間長了，不疲憊才怪呢。」

「那我該怎麼調整呢？我現在找不到方法！」先生急切的問道。

「方法就在您自己的心裡，您的內心渴望無拘無束，卻捨不得條條框框，渴望掙脫束縛，卻被各種責任的假象包裹。追究到最核心，就是放不下那份要求和慾望。因為渴望被認同，所以沒有辦法更好地做自己，因為渴望更好地生活，所以壓抑著自己身體的真實感受。假如這個時候我們可以把這個自我放下，消除掉內心各種無意義的慾望，那麼這個時候的自己就會快速的恢復到無壓力的自由狀態。心中沒有了渴求，也就不再有所謂要求的牽絆，做一切事情完全是因為要取悅自己，也就不會再過於在意別人對自己的評價和感受。您的問題就在於，長時間以來，您太容易被外界影響，從來沒有靜下來和自己交流，每天面對的都是我該怎麼做，而不是我要怎麼做。人的生命從初始到結束都是要一個人面對的，這是屬於你自己的人生，你是有百分之百的權利做自己的，跟別人的要求和情緒沒有一點關係。與其每天緊張地看別人，不如從現在起不慌不忙的對自己。用正面的想法替代負面的妄念，同樣是工作，同樣是生活，觀念扭轉了，狀態自然會發生改變。」

「那我到底該怎麼做呢？」先生迫不及待的問。

「現在就準備一張紙，把你面對生活時最糟糕的狀態全部寫下來，然後認真的觀摩它們，隨後，再用一種較為正面的書寫形式，對它們來一個重新的定義，比如說：為什麼我總是要被上司呼來喚去，你可以改成，上司很看中我，他希望我變得更好。將這一切重新寫完以後，不妨再重新瀏覽一下，或許這時候你會覺得，相比於最初的想法而言，現在的生活並沒有想像中那麼糟糕。」

聽了我的話，先生若有所思，最終醒悟，他按照我的方法，一步步的將自己的煩惱書寫了出來，隨後替換上正面的念頭，在這個過程中他急促的呼吸開始逐漸恢復平靜，慢慢的，臉上也露出了久違的笑容。

幸福與不幸福，十有八九在於自己念頭的轉變，其實人生很簡單，就是快快樂樂做自己。儘管外面的世界有精彩也有無奈，但只要我們扭轉心念，將這一切看成是取悅自己的元素和能量，那麼你所遇到的一切都會對你笑容綻放明快清新。相反如果我們被周遭的境界牽動了內心，總是守著那些負面念頭和能量不放，，那情況或許比你想像的還要糟糕。

生命想自在，想精彩很容易，靜下心來，反觀內心，知道自己真正的需要，努力的去滿足它，讓它快樂喜悅，便是盡到了自己此生為人的本分，世界的一切本是為了你的這顆心服務的，我們怎能隨便就讓它受到外界影響的奴役？改變世界的路途很漫長，但改變自己內心的境界卻很容易，只要轉變了這個思路，人便站在了宇宙的核心，而美好的一切自然也就一個接一個的走進自己的生活了。

拿出全部本錢，我該如何蛻變

人生春風正當年，本是該朝氣蓬勃的時候，但就有這麼一些人看自己哪裡都不滿意，或許是出於自卑，或許是出於挑剔，於是開始不斷的想各種方法安排自己，按他們的話說，我就是要完成一場屬於自己的蛻變，不但花大錢從著裝上顛覆自己，還不惜花大成本在身體上開刀，說是忍得一時之苦便可豔壓群芳，結果越整越上癮，前段時間看到一則新聞，說是有這麼一位美女，不惜花大錢給自己整了一幅猴臉，之後，穿著暴露款的美衣還上了時尚雜誌，簡直是對自己人生的極大顛覆，佩服之餘，老實說自己是真沒有那麼大的魄力。

如今整型產業新興而起，微整的、大整的比比皆是，或許每個人都希望自己變得更完美吧，這也確然，整過的就是比沒整過的賞心悅目，但整個過程中要經歷多少煎熬，整後會承擔多大的風險，恐怕只有整過的人自己知道。前段時間看到一個明星，容貌雖俏麗，卻依然變成了一尊蠟像，笑都笑的如此不自然，恐怕背後是真的沒少吃苦了。

明星整型，平民百姓也整型，這個時代，時尚多少都有那麼點跟風的色彩，甚至有人覺得，只要改變了自己的形象，就可以改變自己的人生。於是有錢的人向父母直接開價，沒錢的人將自己多年的積蓄一併奉上，只為擁有一張面如天使的臉，而這就是他們眼中的「蛻變」。覺得只要自己漂亮了就有了追求財富的本錢，卻忘記了真正人生的本錢本非全都在於外表，倘若天使的臉龐下承載的內心對世界並沒有那麼深刻，即便是你把自己整得再好，也未必能夠被它所徹底接納，而這時的自己又該何去何從呢？

樂樂是我在一次參加朋友婚禮的時候相識的，那時候的她很靦腆，靦腆得有點自卑，相比於周圍都是穿著靚麗華服的女性，她坐在那裡確實不太起眼。因為坐在她旁邊，所以我禮貌的敬了她一杯，然後兩個人就開始聊起來。

原來樂樂剛碩士畢業，現在一直在找工作，她總是覺得自己相貌平平，比起那些擁有美貌嬌容和魔鬼身材的青春美少女真的太沒有競爭力了。她渴望改變，卻不知道該怎麼做。在她看來，現在的自己即便是在努力學習，也沒有那樣的女孩上升空間大，必定現在很多公司都對五官端正，風姿秀美的女孩一見傾心，假如自己的不幸是在這樣的女孩後面面試，那肯定會被對方遠遠的甩在後頭。工作如此，感情也是如此。

樂樂跟我吐槽，前段時間剛跟相處了5年的男朋友分手，分手是對方提出的，原因很簡單，就是沒有感覺了，臨走還不忘甩上一句狠話「就你長成這幅樣子，帶出去都嫌丟人。」這讓樂樂倍受打擊，也讓她越來越相信，這個時代是以貌取人的時代，即便自己再努力再優秀，沒有美麗的臉蛋就是會吃虧。

於是在婚禮酒桌上，樂樂痛飲一杯發誓，等自己賺夠了錢以後，一定要整型，給自己來一個全新的自我蛻變。我聽了以後一驚，覺得這項決定實在是太冒失了，尚還年輕的她或許還沒有真正看到這個世界真實的樣子，它並不是華而不實的，而是相信內在的。與其花費這麼多財力，時間和精力進行自我摧殘，不如專注的找到一條適合自己的道路。

於是我決定以心理諮商師的專業溝通方式來幫她解開這個心結，我沒有冒失的對她的想法進行否定，而是報以熱烈的掌聲。我對她說：「能下這麼大的決心去蛻變，你真的好棒，但我想了解更多的是你是如何看待生命本錢的？我們可以把它的範圍盡可能的放寬，財富、特質、內涵、性格、青春、才華都可以位列其中。假如你僅僅只是用手裡的錢改變了自己的外在，卻無法讓自己的內在靈魂獲得重生，那麼所要付出的成本就太高了，這樣不但對你自身的發展達不到什麼作用，你手裡的本錢也會跟著一點點的流失，當手裡的這把牌在自己沒有準備好的情況下越來越凌亂，你會有這個把握百分之百的讓它向著自己滿意的方向越變越好嗎？」

聽了我的話，樂樂沉默了一會，怯生生的說：「那總不能就這樣沒有任何改變了吧，沒有改變不是更沒有希望了嗎？」

「可以改變啊！但是我建議是你先要學會把這種改變由內而外的養出來，你首先應該進行蛻變的不是你的身體，而是你的靈魂。當下的你，與其說是對自己外表的不自信，還不如說是無法戰勝自己內心的那份膽怯。你不相信憑藉自己的內在實力可以過上更好的生活，不相信依靠自己的實力能夠贏得別人的尊重和認可，所以才為自己找了一個世界以貌取人的藉口，覺得全都是自己外表惹的禍。而事實上，在我看來，你的外表並不至於給你的前途帶來多大的影響，只是缺少了那麼點睿智的靈氣，而這可貴的魅力元素來源於你看過的書和行過的路，來源於你看待這個世界的角度，當然更重要的是來源於你內在的這顆需要時刻補給，需要時刻充實，需要不斷歷練的心。」

嚮往蛻變是好的，但重點在於自己應該如何落實這場蛻變，我們有那麼豐富的情感的精神，那麼多充實的知識和思想，世界如此遼闊，它充斥著豐富的內涵，這股力量可以將世間所有的萬物變得越來越美好，而方法也很簡單，就是不斷的向內開發自身強大的力量，只可惜的是，太多的人過分在意外在的風景，卻忘記了內在的財富。最完美的容貌在於能讓別人在你的臉上讀到深刻。內涵是生命最好的修容，自我的完善最終還是要回歸一個人的本心，生命無需刻意模仿，你該有的早已都有，蛻變不是在臉上的精雕細琢，本錢也不僅僅是銀行存簿裡那一串阿拉伯數字，當一個人真正找到了自己，就會發現原來這個世界因為自己的純粹，還可以變得如此豐富。

越是不確定，越是會有無限可能

這個世界是永恆不變的嗎？那可不一定，人生的一切都是事先安排好的嗎？那可不一定。宇宙天地萬物，都有著它的不確定性，明明你覺得路應該這麼走，卻不知道什麼時候，步入了一片你並不熟悉的領域，而恰恰是因為這樣諸多的不確定性，生命的過程才變得更有意思，人生才因此充滿無限可能。

很多人說每當遇到不確定性因素的時候，內心就會心生恐懼，因為不熟悉，所以不敢靠近，但是有這樣一個哲學家曾經很鄭重的告訴我們：「當上帝將一個看似不可能的事情裝進一個人的夢境，就是有意要幫助他成就這一切。」一切都是在不確定中進行的，只要你相信，萬事皆有可能，即便暫時遭遇寒冰，冬季過後，依然會是生氣盎然的春天。

人是天地宇宙的載體，這個世界所有的點子，所有的思想，都與宇宙的智慧能量相通，如果你相信，並堅定不移的去做，心中的小宇宙就就會與外界的大宇宙相應，運用一切可以運作的能量來幫助你，你的智慧和能力都會在無形中得到加持，直到將你改造成自己心目中最滿意的樣子。

藍晶是一個非常好強的女人，從小到大，她一直很努力，一直讀書讀到了博士學位，但就是這樣的一個女人，她的內心總是在對自己產生著各式各樣的質疑。

她告訴我：「小時候媽媽很為我自豪，我身邊總是有很多羨慕的目光，很多人都誇獎我說她以後一定會特別有出息。但是那時候的我總是惶惶不安的問自己：『我真的是這麼好嗎？我真的可以實現那個別人說的很有出息的自己嗎？』老實說我對自己真的很不自信，為了緩解自己內心的這種不安的情緒，我拚命的學習，甚至到了有點強迫症的地步，一道題目不會我就會本能的擔心：『哎呀！連這樣的題目都不會，以後怎能是那個很有出息的自己呢？』這樣的感覺伴隨我度過了整個讀書的時光，直到讀到了博士畢業，我依然是那個樣子。」

看著藍晶略帶焦慮的神情，我沒有打斷她，而是順帶著問了一些她工作後的情況。她告訴我，工作以後自己本以為這種感覺可以平息，因為她確實得到了一個相當不錯的工作機會，但令她沒有想到的是，隨著工作壓力越來越大，自己內心的不安更嚴重了。

「上司很器重我，總是會把一些最難辦的任務交給我，然後拍拍我的肩膀告訴我『責任重大，相信你一定可以。』而這時候的我心就開始慌了，因為我根本不確定自己能完成這件事，對待這些事情的時候，我的腦袋經常是一片空白，我所能做的，就是不斷努力，不斷找方法，只要一停下來，內心就開始出現各種不安，老實說我每天都很緊張，我內心的恐懼從來都沒有停止過，直到有一天，我惴惴不安的將工作的最終成果彙報給上司，對方對我完成的任務很滿意，心才一塊石頭落了地，如釋重負。但我總覺得這種狀態是不正常的，每天在這樣緊張與焦慮中生活根本不利於我的身體健康，而且每當處於那種狀態，身心的痛苦是無法用語言形容的，請問我是不是患上什麼嚴重的心理疾病？」

「那你覺得你一直在逃避什麼？」我繼續問。

「其實我每天都有很多新奇的想法顯現，我覺得假如可以將其開發出來將會給這個世界獨一無二的獻禮，可是這個時候我的心就又跟著緊張起來，正如我面對曾經的學習和現在的工作一樣，我總是無法對自己的能力抱有十足的信心。未來的諸多不確定性，常常讓我由越想越興奮，變為越想越緊張，說實話，我也不知道自己在逃避什麼？或許我真的就是缺乏面對未來的勇氣，但我又不知道自己能為自己做些什麼。」

我聽了以後給藍晶開了一劑心靈藥方，讓她回家以後反覆嘗試，並鼓勵她一定要勇敢，只有這樣才能達到滿意的效果。

那究竟是什麼藥方呢？其實也很簡單。每天將自己大腦迸發出來的好點子記錄下來，並給予自己正面的暗示，相信這一切一定可以變成現實，然後秉持一念，盡可能的讓心放鬆。如果這個時候各種恐懼和不安又來侵襲，就安靜的用筆觸記錄下自己的不安，並認真的進行分析，嘗試著將負面的內容轉換成相對正面的狀態，我告訴它所有負面的思想背後，都有著它積極的正面意義，關鍵看你願不願意去發現，願不願意去改變。隨後，不妨閉上眼睛，即便外邊狂風大作，五雷轟頂，都不要因此渙散了自己的專注，此時此刻，只有喜樂祥和的心緒與自己有關，外界的一切都無法在以任何的形式左右自己的內心。我們可以假想這股能量已經傾注到了我們的身體，從頭頂漸漸走到了腳尖，隨後充盈了我們全部的世界，這種練習，可以每天十分鐘，如果需要還可以再長一些，當我們睜開眼的時候，負面的痛苦已經過去，留下的全部都是正面美好的成分，我們有了這麼多充滿創意的點子，整個人生的狀態充滿了吉祥安樂，當我們重新閱讀自己的創意時，就會驚喜的發現，這個點子實在是太棒了，以至於內心有了一種強烈的迫切，想要實現它，讓一切照進現實中來，而自己秉持著這一使命，當下就是揚帆起航的最佳時機。經過一段時間的努力後，藍晶說自己的生活有了很大的改善，，終於看到了成果，她告訴我，如今的自己，心比以前安靜了很多，在有了好的想法以後，多了很多實踐的勇氣。相比於從前，她多了一份淡定和自信，她相信自己腦海中一切美好的構想都會成為現實。目前的她剛剛辭職，準備開展屬於自己的事業，她告訴我，人活著就要為自己拚一把，儘管在別人看來有很多不確定，但不確定裡承載的恰恰就是無限的可能。她相信自己最終一定可以成就屬於自己的理想，這個世界充滿機遇，越是不確定，越是充滿無限可能。

佛祖教化眾生，一心正念如如不動，每個人的生命目標就是找到自己的使命，然後全身心的去實現它。但凡是心中美好的，都不要輕易的錯過，抓住天邊最閃亮的流星，相信自己的夢想一定會實現，那麼這一切就一定將在有朝一日走進你的生活。人生的不確定，是上天恩賜的最大福祉，我們每個人都身處在旅程的遊樂園裡，等待著瞬間降臨的禮物，所以，放下內心的恐懼和不安，帶著孩子一般的好奇心去經歷人生中的一切，這才是生命給我們帶來的最大樂趣，一站一站的走，一站有一站的風景，而就在這走走停停中，我們梳理著自己的智慧和情緒，就這樣與夢想不期而遇了。人生本身就是在諸多不確定間不斷的捕捉自己的堅持方向，放下恐懼和不安，堅信自己意念中的美好，說不定在下一站，你就能與你的美好理想不期而遇。

第二章
傾聽！終於要面對面具下的自己了

卸下疲累的面具，脫下偽裝的皮囊。

以靈魂的姿態坐在那裡，

淡看順境與逆流，雲散與雲聚

深挖內心的根底，

將種種的「魔怨」放逐到天際。

看似不平靜的平靜裡，

有誰在為自己竊竊私語……

揪出最險惡的敵人，與他到咖啡館聊聊天

冬天的寂靜終會過去，春意盎然的時候，萬物生長世界充滿生機，有些時候我們感慨人情的冷漠，世道的險惡，卻忘記了人來到這個世上的初衷，不管在你的人生長河中會遇到什麼樣的人，善意的，惡意的，還是擦身而過，細細品味，他總是教會了你點什麼，所以與其感慨這個世界的不公，不如放開胸懷，即便是與你最不願意見到的人不期而遇，也有那個魄力和膽量，與他在咖啡館聊聊天，或許這時候你會發現，原來他才是那個最了解你的人，曾經的敵人，卻有著摯友般的默契，這一切是何等的難能可貴。

人生在世，多數時候我們都不願意在人前彰顯自己的軟弱，我們總是故作強悍，尤其是在面臨對手的時候，這個世界很現實，有良善的一面，也有狡詐的一面，儘管心裡已經對對方詛咒過上千萬次，相遇的時候還是會擺出一幅即便你使出渾身解數也休想傷害到我的架勢，我們試圖努力笑出自己的強大，而冥冥之中卻還是會有一種受傷的感覺。

不知道從什麼時候起，自己被這些敵人和對手搞得越來越假了，他們的存在讓我們的世界不再純淨，我們開始意識到，有人的世界就會有鬥爭。想讓自己不至於被淘汰，就必須要適應這種鬥爭，而每一次受傷害都是為了讓自己不至於遭遇更大的傷害，這猶如一場殘酷的修行，想要讓自己更優秀，這就是一門絕不能缺少的必修課。

我的閨蜜小柯是一名職場菁英，做事情乾淨俐落，在企業名聲響亮，能夠在承載繁重的工作的壓力以後，第二天還可以像打了興奮劑一樣精力充沛。在同事眼中她是個女強人，而在她自己心裡，憑能力，也從來沒有輸給過任何一個人。但突然有一天，公司從國外調進來一個行銷總監，處處給她使絆子找碴，在她的團隊裡安插「眼線」，時不時的還會和上級打點小報告。在一次小柯領頭的團隊專案運作中，這個她心目中邪惡的敵人又再次出擊，攪渾了小柯團隊的一潭清水，在大會上提出各種異議刁難，搞得本來思路很有條理的團隊雞犬不寧。

面對這樣的情況，小柯按耐住內心的負面情緒，冷靜考慮的兩天，在第三天的中午竟然和顏悅色的走到對方身邊說：「sir，下班有沒有時間？吃個飯喝個咖啡？」對方先是一愣，隨後臉上綻放出詭異的笑容，冥冥之中在暗示：「你認輸了。」而小柯表情還是很淡定，面帶友好的微笑說：「就這麼定了，下班不見不散。」

就這樣這位「邪惡的敵人」如約而至，兩人在一家西餐廳，吃了頓便飯。小柯扯了幾句閒聊後，直奔主題的問對方：「你覺得我這個人怎麼樣？」而對方詼諧的喝了一杯啤酒說：「哈！不要問我這個問題，恐怕會讓你失望。」小柯舉起杯笑著說：「好吧，那我就不難為著問您了。乾杯，理解萬歲。」對方撇撇嘴，覺得自己也沒有輸。

於是小柯繼續問：「我不明白為什麼您一來到公司就對我那麼關注。這真的有點讓我受寵若驚。」

「那是因為你看起來要比那些我眼中的廢物優秀的多。」

「哦？是嗎？聽起來很有意思？」

「你沒有聽說過寧可和聰明人吵架，也不願意跟廢物說一句話嗎？我關注你，是因為你確實值得關注，但最重要的一點，你的身上有一種隱形的殺傷力。」對方一邊切牛排，一邊笑著說：「這種殺傷力讓我覺得很有挑戰意義，所以不好意思！我必須要難為一下你。」

「可您對我的過分關注已經影響到了我的整個團隊。」

「那是你的問題，你如果能對付，表示你確實與眾不同，至少在這頓晚餐沒結束前，千萬別說你是個凡人。」

「如果是這樣，那麼我很榮幸。」小柯聽了，帶著堅定的微笑舉起了酒杯。

「其實，你應該慶幸有我的存在，我是你生命中的對手，同時也是你保持活力的源泉，沒有我的存在，你這條魚不見得有現在這麼新鮮。」對方邊吃邊詼諧的說道。

「和您聊天很愉快，讓我看到了另一個角度的你，當然也看到了另一個我自己。」小柯笑道。

「哈哈，這樣最好啦，你既然知道我存在的意義，那麼就祝我們合作愉快，我確實也需要你負面的養分。」對方舉起杯說。

「乾杯！沒有負面，負負得正，我們兩個加到一起還是正能量。」小柯真誠的回應。

後小柯跟我回憶道：「其實這位先生說得很對，簡單的幾句話，讓我看到了我自己內心的強大，起初我只是覺得他是一個故意找碴挑剔的人，但跟他進一步交流以後，我改變了自己的看法，在他看來我是一個值得他挑戰的人，而他越是挑戰，對我來說越是一種提升。儘管曾經的我在工作上比現在舒心，但既然這個『敵人』來了，就要努力調整自我，找到最好的應對策略，而這個時候的自己，也從另一個方面有了更好的成長機會。這樣對我來說也是一個不錯的緣分。」

聽了她的改變我很為她高興，這種從心理上的成長對我們很多人來說都很有必要。老實說我以前也不明白為什麼上天會賜給「邪惡敵人」那麼豐富的閱歷和智慧，以至於讓他們有足夠的能量殺傷一個人的鬥志。但現在心就釋然了很多，他們可以成為我們人生前進的助力，能夠讓我們羽翼更加堅實，能夠讓我們更清晰的認識到自己的強大。變相來說，他們也是我們人生境遇中的天使，變相的用另一種方式與我們交流，督促我們的成長，逼著我們向更完美的方向努力前行。

故作輕鬆，也是件有壓力的事

生容易，活容易，生活不容易，每個人都想出人頭地，每個人都希望夢想實現，每個人都想在人前的時候能夠顯露光芒，於是我們吞下了生活的苦果，帶上面具故作輕鬆的在這個世間遊走著。我們希望走在人前的時候，讓他們因為自己的富有而彰顯出驚訝的神情，卻因為這個念想承擔了強大的壓力，一旦目標沒有達成，就會感覺呼吸急促，一種莫名的緊張應運而生，以至於一時之間亂了方寸，不知道怎樣才能擺脫那番失衡的困境。

大大的城市，小小的我們，很多人不斷的重複著每一天的生活，緊張卻多少失去了點生氣，那個叫做夢想的東西，漸漸隨著曾經的青蔥歲月，收藏在了不經意才翻起的相簿裡，每天望著窗外，人潮湧動間，有多少人依舊不忘初心，奔忙在這個充滿情緒的世界裡，真的能夠豁達輕鬆的接受一切嗎？每個人都希望在舞臺上閃亮登場，所以才會有朋友聚會時吹下的牛皮，每個人都希望別人能高看一眼，所以才會有人省吃儉用也要買下上萬塊的LV！我們強裝著笑臉，豐富著自己炫耀的語言，以至於在那一時間忘記了現實自我的骨感，心裡想著假如時間能永遠定格在這一天，那該有多好。

現在市場上的心靈勵志學說中有這麼一派，說的是努力扮演好自己的角色，即便你現在沒有這麼出色，但只要你不斷地向那個角色靠近，你就一定可以實現這個目標，成就自己想成就的一切。於是大把的人開始沿襲這一思想，卻忘記了每一個角色背後，除了光彩照人的一面，還有怎樣煉獄般的艱辛。我們時常因為自己做得不夠好而緊張，糾結，卻總是不願意輕易的做出妥協，我們關注呼吸，試圖面對一切輕鬆的一笑，卻發現自己怎麼也笑不出來。我們表情僵硬，總覺得一切會因為自己情緒的轉變而出現轉機，但當棘手的難題就無聲無息的擺在那裡，回歸現實的我們仍然會手足無措，難不成自己永遠就要深陷在這樣的泥潭，難不成自己想要的角色僅僅就是夢中的一個角色？這種痛苦怎樣才能在現實中得到解脫？不安如何能安靜的離開自己的世界？不是所有人都能放下，尋找解脫的祕笈，他們總是一臉茫然的看著這一切，發生，結束，經歷一場情緒的激戰，然後不知所措的遺失了心中最美好的那部分。

曾經有個來找我諮商的朋友留言給我說：

「其實從上學到工作，自己始終都在裝，面對別人眼中很驚訝的事情，總是虛偽的做出一種輕鬆不屑的表情，嘴巴說著：『不過如此。』其實，心裡也在思索，事情要是我遇到，我非得抓牆到抓出血來。但我就是抑制不住自己的這種虛榮感，總是擺出一副吃過見過的架勢對別人說：『沒什麼啊！小菜一碟啊。』

到了工作的年紀，我這壞習慣還是不改，明明是一份很難的工作，別人都在皺眉頭，我卻在一邊裝酷的吃水果喝咖啡，故作輕鬆的說：『有什麼啊，不就是一份工作嘛！』結果一下上司來了精神，一有難啃的工作就派發給我，明明每次都是倒吸一口涼氣，但還是改不了自己的壞習慣，帶著這一切so easy 的表情說：『ok，沒問題，交給我，小事情。』然後自己再去悲催的加班，悲催的抓狂。儘管有些時候上司也會說：『太難就再想辦法，不要太辛苦。』但我卻無法拉下這臉皮，逞強的說：『可以的，小事情，我可以完成。』說完自己都想給自己一巴掌。

就這樣本該屬於自己的完美假期沒了，下班後的美好時光沒了，閨蜜約好的派對聚會沒了，明明可以不那麼勉強的，到了關鍵時刻自己就犯這壞習慣，也不能怨別人，都是我自己的問題。玲玲老師，我到底該怎麼辦啊？我徹底被我這種故作輕鬆的虛榮心打敗了，如果再這樣下去我會被它折磨死的，我真的不想再這麼忍受下去了。」

哎！多可憐的一個女孩啊，人這輩子最不輕鬆的事，就是明知壓力重重，還要裝模作樣的若無其事，我們不是聖人，所以還沒有練就處變不驚的功底，適當地時候，承認自己的柔弱，才能真正觸碰到真實的強大。老子說：「勝人者力，自勝者強」，還說世間萬物「柔弱勝剛強。」什麼意思呢？作為人，我們首先要意識到自己的柔弱，承認自己有限的能量不可能用來解決這個世間的所有事情，當我們真實的對自己的能量負起責任，再去重新打量周邊的世事，內心才會獲得真正的淡定和坦然。難題總是會有，但是沒必要故作輕鬆，讓自己真實的一切流露出來，才不會在內心過分的壓抑，我們才是一個活生生的存在。

輕鬆不是裝出來的，是真正的懂得了釋然了，從我們本性中流露出來的，佛陀有句諺語叫做：「安住其心，安住其身，安住其所受，安住其法。」說的是我們要切實的讓自己安住在一個平衡穩定的位置上，找到最真實的自己，獲得最真實的安樂。與其花時間去裝，不如花時間去了解真實的自己，真實的需要，不願去接受的，不必勉強自己，一定要接受的，了解其中的真相，也可以恰逢其時的欣然樂受。對於一個人而言，過分的扮演角色，會削弱本來自己的能量，因為它會讓我們分心，影響到我們專注的做自己，而對於每一個人來說，沒有什麼比自己更重要，倘若沒有真正意義上照顧好自己，愛上自己，又有什麼力量照顧好其他呢？

看了這則留言，我真的想對這個女孩說，不要太在意自己的表面了，掀開形象的外衣，一個人更重要的事情是填滿自己的內在。倘若這種輕鬆的意識，能讓你找到接受挑戰的樂趣，倒也無可厚非，但是如果它讓你覺得自己越來越空洞，那就沒有必要了。這個世界上，別人一句誇獎比不上自己對自己的真實了解，倘若沒有順應自己的本性，就是對自己最殘忍的傷害，倘若自己對自己而言才是最重要的，又何必要有這麼殘忍的方式對待自己呢？就算全世界的人都向你伸出大拇指，高喊「GREAT ！」你自己不開心，能量照樣是歸零狀態！

想到這裡，腦子湧現的是當年莊子在池邊垂釣的畫面，有人要讓他入朝當官，他卻說：「聽說貴國有一隻神龜，至今供奉在高堂，對於神龜而言，牠是希望在高堂接受供奉，還是更樂於在泥塘中打滾嬉戲呢？」別人不解答道：「應該是在泥塘中吧！」莊子聽了笑笑說：「我也是這樣。」人生本就應該多給自己一些自在，過分的偽裝會將自己的人生無形地拘束在框架之中，最終使人深陷被動，四處碰了個頭破血流，卻不知道真正的美好就在當下。

所以，親愛的人們，正視自己吧。我並沒有說我們不可以接受挑戰讓自己變得更好，但首先我們應該認清自己真實的需要。人生如此短暫，得到自己最想要的東西是多麼重要，社會浮華充滿慾望，路邊的野花照樣嫵媚，他們早就認情了你的偽裝，故作輕鬆的外表下，少的是對自己的堅持和定力。刪去那些讓自己疲累的內容，讓自己的板塊變得簡單明瞭，缺陷每個人都有，誰也不敢保證自己是個全才，認清這一點，才能找到真實意義上的輕鬆。所以，用真摯的情感撫平那顆好強的心吧，倘若不然，就好好的問問自己：「我最親愛的自己，你還想痛苦的裝到什麼時候啊！」

聽聽你的心，那裡有個聲音想跟你談談

心理學家說：「每個人的心中都住著一個內在小孩。只是很多人在經歷的沖刷下，一再的忽略著他的需要和存在，最終失去照顧的孩子，憂傷了，憤怒了，感覺被拋棄了，我們整個人的狀態才會因此消沉，深陷到負能量裡。」其實，所謂的內在小孩，就是我們真實自己的聲音，大多數人在現實生活中奔忙，總是覺得很難抽出時間與自己相處，更不要說花時間與自己交流，用心的去照顧呵護自己的需要，即便是有一天真的覺得身心出現了問題，首先想到要去的地方是醫院而不是自我心靈的內在，這是多麼可悲的事情。

曾經認識一個朋友說她真的很恐懼靜下來的時候，倘若一安靜下來，就感覺深陷進了恐懼，一個人的生活，電視一定要開著，聲音不斷，別人的陪伴也一定不可以斷，為了排解自己的寂寞恐慌，她便一個個的騷擾身邊的朋友，不斷的和他們聊天，不斷要求他們陪伴，以此來度過那些只有自己的時間。可是不知道為什麼，即便是尋求到了陪伴，自己的心還是空落落的，感覺失去了一些什麼一樣，這種流失感每天都會出現在自己的生命力，越是如此，內心就越是不安，越是想尋求陪伴，越是害怕自己一個人的時光。

針對她的問題，我站在心理學的角度幫她尋找答案，最終發現，她生活中的做法完全是她內心內在小孩的一種顯相，因為她過分的需求外界的陪伴，而忽略了自己對自己內心的陪伴，聽的別人的聲音聽多了，就忘記了好好聽聽自己聲音。於是她心中的內在小孩，一再的被冷落，這種冷落讓她的本我產生了極大的恐懼，內在小孩試圖用這種方法暗示她自己需要陪伴，但此時的她卻沒有意識到，自己最重要的事情是花時間與自己相處，傾聽自己內在的需要和聲音，用心的去與自己的內在交流。

於是，我留了一些作業給她，眼見開春，萬物煥發生機，看著外面和暖的陽光，我鼓勵她開展一次獨自的出遊，帶上相機，穿上最漂亮的衣服，到公園去享受一個人的時光，每走一步，都努力的做到專注，安靜的對心中的內在小孩說：「我很愛你，我很想陪伴你。」回到家以後，集中自己所有的精神，為自己寫一封信，將自己的不安，恐懼，以及安撫和戀愛通通表達在信件裡，我告訴她在字裡行間，你要不斷的觀察自己，感受內在小孩真實的需要，你要順著自己的感受，不斷的整理思路，按耐住向外界求助的心，給自己個陪伴自我的機會。信件寫完以後，可以根據內容總結重點，列出一二三點，這些或許是內在小孩最需要解決的問題，找到了問題的關鍵，就要想辦法將這一切落到實處，切實的給予自己安全感，給自己的心充實力量。

於是我的朋友就這樣上路了，在一個陽光明媚的清晨，她略帶不安的走出了家門，回來的時候，卻心情明快，臉上豐盈著滿滿的幸福感。隨後她為自己寫信，記錄下了自己對生活對理想對當下的諸多不安，這時候她突然感覺到，心中的內在小孩開始撒嬌般的抽泣，宛如渴望從她的世界裡得到更多的愛和關注，她在告訴她，自己有多麼的沒有安全感，多麼需要她的照顧和陪伴，心裡藏著多少不安的心事。感覺到這一切的她，一時間控制不住自己的淚水，潸然淚下，原來這麼長時間以來，自己一直都沒有好好的照顧過自己，始終活在別人的世界，習慣了別人的陪伴，卻忘記了，自己真實的需要是什麼。於是她寫了很多真誠安慰的話，不斷的平撫著內心的委屈和不安，並將核心的內容羅列了出來，這才發現原來自己最需要的是貼近自己的心，用心的感受由心向外發出的聲音。

這件事以後，我的朋友有了很大的改變，她終於可以安靜下來，與自己相處了，我鼓勵她定期完成這樣的連繫，起初她只能與自己相處一兩個小時，但隨著練習加深，她說自己現在可以很快樂的和自己相處一整天，她告訴我，陪伴自己是一種很完美的享受，在這個過程中，內在小孩教她學會了很多東西。她開始越來越愛自己，越來越會照顧自己，各種不安，憂鬱，浮躁漸漸的消退了。在一個人的時光裡，她可以安靜的泡上一杯茶，感受書中的墨香，品味淡茶的芬芳，或是出門走走，或是看一部自己早就想看的電影，那種感受無比暢快。她說現在的自己，並不會排斥朋友的陪伴，但自己一個人的時候，也可以享受一段很美好的時光，這真是一個不錯的美遇，她真心地感謝我，讓她看到了更美好的自己。

人生最難得的是看清我們自己，我們兩手空空地來到這個世界上，也將兩手空空的離開，從這個角度來說，給予自己最忠實的陪伴的，就是我們自己。儘管我們年齡日漸成熟，但內心深處卻依然住著一個小孩子。不錯！對於上帝而言，不管你到什麼年齡都不過是一個孩子，也許他只有幾歲，也許隨著你的多年陪伴，他會一步步的步入成熟。但不管怎樣，他都扮演著你心中最重要的角色，他是我們生命的一部分，我們必須學會細心的照顧他，專注的傾聽他，給予他心貼心的關懷，讓他感受到你發自內心的愛和關懷，當內在小孩體會到了百分之百的安全感，你的內心就會變得強大，良善的品格和充滿正能量的行為，會在不經意間步入你的生活，這種感受實在是太美好了，他讓我們感受到了自己真實的需要，而這是多麼重要，這才是我們真實的需要啊！

撞開那道牆，把心裡怪獸放出來

自古以來：「人之初，性本善」和「人之初，性本惡」的話題就始終糾纏不清，人們渴望自己的內心住著一個天使，但事實卻往往是天使與怪獸各住一邊，一個不經意，怪獸就會跑出來，破壞性的採取一些行動，小到富有殺傷性的意念，大到已經無法挽回的行為。

曾經有個來諮商的女孩就坦言，我不知道自己為什麼腦子裡會迸發出那麼多邪惡的想法，儘管我最終沒有那麼做，但我還是會覺得自己很邪惡，根本就接受不了自己。於是我問她到底都是些什麼想法，她不好意思的說：「舉個簡單的例子，明明相處很友善的同事晉升是一件值得慶祝的事情，但臉上很高興的我心裡卻在不爽的說：『她走了什麼狗屎運？為什麼不是我？想個方法把她弄下來吧！』當這個念想不斷的在我腦海中浮現，我就會覺得自己真的開始越來越邪惡，好像是被什麼糟糕的東西給附體了一樣。像這樣的念頭發生的很頻繁，有時候讓我自己都感覺驚訝，原來自己竟然還有這麼邪惡的一面。看見別人倒楣會狂喜，看到自己不如別人的會憤怒，真的不知道自己到底是怎麼了，是不是我的心理出現了什麼問題啊？」

細細想來，這樣事情是不是也曾發生在您的生活裡呢？其實每個人心中都深藏著一個怪獸，因為牠過於醜陋，所以我們極力的在圈養牠的地方建立起高牆，盡可能的遮掩著，不讓任何人看到。但怪獸存在就是存在，牠作孽的時候，我們的心靈就會飽受折磨和摧殘。我們明明知道這樣想這樣做是不對的，卻免不了在自己能量走低的時候，順應了牠的設計，最終搞得自己狀態越來越糟糕，卻不知道怎麼才能逃脫這種境遇。

不可否認，每個人都不是完美的，即便是讓別人看來再完美的人，他的內心世界也必然是存在某種缺陷的。對於那些時不時侵襲入腦的雜念，不過是存續在我們內心深處魔鬼怪獸的信號彈，只要中招牠們就會努力把事情搞大。這事實上是一種自己與自己的博弈，作為你身體中的一部分，牠們比任何人都知道你的弱點是什麼，一旦你內心脆弱，對善念不夠堅定，邪惡的意念就會趁虛而入，對你進行迅速的同化催眠，所以我們會看到，當一個人出現極端反應的時候，眼神是迷離而可怕的。那種狀態絕對與他們正常的狀態判若兩人，這也就意味著當時狀態下的他們，並不發自於本我，而發自於靈魂深處的怪獸。

這時候有人會說：「那怎麼辦？難不成要帶著這些怪獸過一輩子嗎？有沒有什麼行之有效的方法把牠們轟出去，讓自己從此以後不再受牠的擺布了呢？」其實對於這個問題，我做過很長時間的研究，最終的答案很肯定，方法絕對有，關鍵就在於我們自己敢不敢拿出勇氣正視我們自己。

想要真正的對陣靈魂中的怪獸，我們要做的第一件事，就是不再為牠們提供可以生存的溫床。一個壞人沒有飯吃，時間長了，身體自然會疲軟，也自然沒有力氣再去做壞事。同樣作為怪獸，牠們的飯就是我們身體裡的意念和能量。在天使與怪獸搏鬥的時候，總是會耗費大量的能量，這種情況放在人身上，就是自己思想與思想的掙扎和博弈，曾經就有朋友坦言，這種過程是極其痛苦的，即便自己告訴自己絕對不可以，反反覆覆的重複，這個念想就是揮之不去，搞得自己疲憊不堪。針對這個問題，我的意思是，與其把圈養牠的高牆疊得越來越高，不如乾脆把牆撞開，真真正正的正視這個搗亂的怪獸，不讓牠再以自己的恐懼和敏感作為屏障，肆意的擾亂我們的身心，躁動我們的平靜。

不可否認，我們需要這麼點向自己開刀的魄力，因為真正的大手術就在自己身上。揭開那些陰暗的角落，將它們曝晒在烈日炎炎之下，才能從中得到更多正念的養分。我們不再避諱內心世界的黑暗，不再擔心別人會看到自己的缺點，我們勇於坦誠的正視生命中的弊端和各種負面的情緒。當一切在我們的坦誠下浮出水面，我們對自己承擔了百分之百的責任，也不在這些惡念糾纏下逃避什麼，它所能剝奪的養分和能量就越來越小了。

佛陀曾經說過：「一件事情，你不再遞加給它能量，它就會因此而逐漸走向消亡。」所以但凡是自己不喜歡的，即便是它在我們的生命裡，有了短暫的停留，不去理會，不去過分的富裕它能量，或許下一秒它就會消亡了。每一天這個世界上都會產生無數的惡念和善念，這是這個世間最正常的事情，惡念的洗禮總會讓人感到痛苦，但從另一個角度來說，也讓我們看到了真實的自己，原來在自己的內心，還有那麼多有待改善的部分，它一直以來都存續在幽暗的角落，直到爆發的時候才讓我們意識到了它的存在，而這其實是一件令人高興的事情，發現了問題，就及時的處理，消除身心內在不舒適的部分，才能尋求到更多的自在和安樂。

其實，人生的一切不過是一種境界，努力地剖析自我，可以讓自己在境界中活得更真實。對自己而言，這其實並不可怕，所謂的恐懼並不來自於你，而是來自於駐紮在你靈魂深處的怪獸，牠們知道這把利劍到底有多麼鋒利，也知道你亮出它的時候，對牠們意味著什麼，所以才會害怕，才會在那裡唏噓的顫抖。

曾經有一個經過洗禮的女孩暢快的對我說：「玲玲姐，我真的太感謝你了，自從我拿出勇氣百分之百的接納了自己，整個人都變得輕鬆多了，我放出了藏匿在內心深處最沉重的部分，不再去恐懼焦慮，因為就在那個當下我已經把一切全然的放下了。那不過是有待自己改善的一部分，沒有什麼好擔心恐懼的。那些所謂邪惡的信號彈，並不能左右我什麼，因為我知道自己該怎麼做，也知道如何斷送掉它的吃食和養分，所以你看，現在的自己活得如此自在，真實的愉悅暢快，真實到找到了自己。……」

春有百花冬有雪，夏有涼風秋有月，不同的境界，有不同境界的真知，不同的境界有不同境界的美譽，怪獸的存在，讓我們更深刻的了解了自己，撞開那道累積的高牆，就會發現種種對惡念的恐懼不過是紙老虎，它的存在不過是要告訴我們一些道理，告訴我們要用正念武裝自己，告訴我們如何經營好自己的能量，告訴我們正視心靈深處不完美的部分，懂得了這一切，也就讀懂了人生的真諦。這個世界因為懂得才能獲得釋然和超越，所以，不要擔心前面會有怎樣的怪獸，輕裝上陣，正視了一切，方就無懼無畏，一切都不再害怕了，還有什麼事情困擾的了我們呢？

有時候自私點，也不無道理

前段時間在網站上瀏覽，有一個網友坦言有些時候面對身邊的人，真的不知道應該怎麼去相處，總是感覺自己的利益在被侵犯，一旦自己下定決心維權，就會從背後傳來一片呼聲：「嘿，親愛的，你太自私了吧。」這樣的事情讓他左右為難，放下自私就是對不起自己，拿起自私又得罪了別人，感覺自己瞬間背負罪孽感，怎麼看怎麼小家子氣，這可如何是好啊！

其實從心理學的角度，自私觀念是存續於我們靈魂深處最古老的一部分的，穿越到古代，自私的本性是為了得到更大程度的安全感，為了盡可能滿足我們內在的需要，為了能夠在惡劣的環境下更好的活下來。我承認，無私是偉大的，但是自私存續的時間遠遠要比無私偉大的觀念更長遠，它是一種存續在我們內心的基本需求，甚至說是一個不可缺少的生命元素，每個人在關鍵時刻都會站在自己的角度思考問題，很難排除意識中的立即觀念真的情有可原，我們不是聖人，更何況誰說聖人只有無私的一面呢？

現實生活中很多人都在自私與無私之間痛苦的徘徊，自己明明需要，也可以得到，卻因為一個無私觀念痛苦的與想要的一切失之交臂，拱手相讓給別人。倘若是給予高尚品德，這樣做了能夠帶來快樂也無可厚非，關鍵是很多人都因為當時的選擇痛苦不堪，甚至痛苦了一輩子，這又是何苦呢？在這個現實的世界，每個人活得都很不容易，我們雖然不用像遠古的人類那樣為了吃食而鬥爭，卻在無硝煙的戰場上為了生計掙扎，我們有太多的需要，而這些需要看起來並不虛浮骯髒，又為什麼要因為一個概念困住自己，不去動腦筋得到呢？

曾經有一個朋友向我感慨：「玲玲啊，生命這東西實在是太奇妙了，我就總是在自我矛盾中受折磨，這時候發現，人大部分的折磨都不取決於環境，而是取決於內心，我們人生中大多數的光陰都是在自己折磨自己啊！」

我聽了這話笑笑說：「那你究竟覺得什麼引得你花費那麼多時間去折磨自己呢？」

他想了很久，很嚴肅的對我說：「私慾！生活在這個世界上，即便再無私的人，也還是會有私慾，只不過他行動上表現的是無私，知道無私的高尚，可內心卻在和我一樣百般掙扎。」

聽了他的話，我一時陷入了沉默，自私與無私本就各帶能量，很多人都覺得無私一點會給這個世界帶來正能量，卻不知道為什麼，在做了這件事以後後續的幾天乃至於幾個星期都在被一種強烈的負能量糾纏，相反，那些勇於追逐自己想要一切的人，放棄了概念上的束縛，最終贏得勝利，心情卻是一片的歡騰爽朗，周身的正能量反而得到提升，每天帶笑，陽光燦爛。

於是我頓了頓，為對方出了一個題目：「請問如果您的家人和您的朋友同時掉進了水裡，生命受到威脅，從第一意識來講你最想救的是誰？」

朋友想了想，感覺表情很艱難，卻忍不住說出實話：「老實說我第一想到的是我的家人，想要先救朋友，我必須花幾秒鐘衝破自私的壁壘，也就是說，我需要進行自我鬥爭。」

「那就是了，每個人都存在自私的一面，換個角度說，如果您的朋友看到自己的家人和您全部掉進水裡。他首先救了自己的家人，將您的事情擱置在一邊，您會理解他嗎？」我又問道。

「儘管心裡理解，但是還是會不舒服，畢竟到了生命的危急時刻，這麼好的朋友卻忽略了我的需要，我可能會忍受不了這種自私，但從另一個角度說，倘若我是這麼想的，我也沒有突破自己的自私意識。」朋友苦笑道。

或許對於一個人來說承認自己的自私是很艱難的，但即便艱難也不能因為這個概念而過分的放棄自己的利益，否則受苦的肯定是自己。從客觀角度來說，在無傷大雅的狀態下適時的自私一把也是不無道理的。這就好比為什麼，孩子失去了他心愛的玩具會哭，女人被拿走了心愛的裙子會生氣一樣，倘若是心愛之物，又明明屬於自己，不保管好它就是對自己最大的不負責任。

那麼從心理學角度如何能淡化這種自私與無私意識的困惑呢？曾經有位經濟學家說的話就很好：「倘若你自己自私的做法能讓更多人受益，那就是最合理的自私，倘若你的自私能夠在為自己贏得富足的同時讓更多人得到了富足，那麼這種自私就是最偉大的自私，自私沒有那麼不可取，一個人只有具備讓自己美好富足起來的能力，才能把更多的力量帶給別人，也就是說，當你在自私的門檻下得到一定的滿足時，才會獲得餘力來更好的幫助別人。」聽他這麼一說，自己思想裡的負擔瞬間放下了許多，不是我們不仗義，而是因為自己太需要，自己都無法滿足的時候，還是盡可能的不要拱手相讓了吧！

人生所有的課題都是自己為自己設定的，倘若無私能夠讓自己享受到快樂，這種快樂其實也包含著自私的成分。倘若自私能夠給自己和別人帶來富足，那這種富足本身就蘊含著偉大的無私。能量的轉換，意識的穿插，不是為了讓我們抱有更多的欣喜和罪孽感，而是在引導我們如何能夠在現實生活中用好它，讓自己不受罪的同時欣然樂受，讓別人不憤恨的同時有所收穫，這真的是一門大智慧，不是自私沒道理，而是太多人沒有看清它的價值罷了。

第三章
就這樣，簡簡單單成為命運的主人

一界晴天，一筆神韻，

墨跡裡孕育出的香氣，

寂靜的空間，自己與自己的距離。

反觀每一絲心緒，

映照出意識之鏡中真正的樣子。

讓杯中的水更加清澈，

一遭循環後的我們，越來越純真乾淨。

學會真誠的對待自己吧

前段時間看到一條訊息，一個發展正好的明星，因為憂鬱症在花樣的年華選擇了用自殺的方式結束了生命，很多人都覺得不可思議，而我秉持著理解的態度，之所以人生中有這麼多的痛苦，痛苦到無法呼吸，是因為我們真的很少能拿出坦誠來對待自己，即便是下了決心，當我們摘下偽裝，重新打量那個真實的自己時，很多人都少不了會呼吸急促，迅速的重新帶上面具了吧？

曾經來我工作室諮商的一個朋友這樣形容自己的心境：「我總覺得，我的心就像是一個受了傷的孩子，每天都在被各種壓力，各種負面力量欺負，而我只能那麼看著，不知道該怎麼幫助他。」這時候我就問他：「那你有沒有想過，這些壓力，這些負面力量從哪裡來？是誰施加給他的呢？」他聽到這個問題先是一愣，沉默良久回答：「不知道，事情做著做著它們就無形的來了。」聽了這話我又問：「那假如不是你同意它們進入到你的身體去侵犯那個柔弱的孩子，它們還能進來嗎？」他聽後想了想說：「我當然不想讓它們進來，但是我不知道怎麼才能阻止它們進來，請問老師有什麼方法嗎？」

看著他略帶無助哀求的眼神，我問他：「既然那個內在的孩子如此憂傷，我們就應該拿出真誠來面對自己，想想看那個深藏在你靈魂深處的內在小孩，他想要什麼，不想要什麼，你真的問過嗎？如果你很在乎他的需要，你一定會妥善處理好外界的各種關係，該接受的接受，該拒絕的一定會果斷的拒絕。可事情或許往往不是這樣的，面對這個世界，很多人都會過高的猜想了自己的承受力。面對外界所要施加給他的一切，你總是說：『再承擔一點，再忍忍就過去了。』於是這個內在小孩一而再再而三的忍受著，一次次被迫的將自己不需要的一切承擔下來，終於有一天他再也承擔不住了，開始試圖爆發，你才恍然意識到，原來自己內心深處還有這麼一個病小孩的存在，他的痛苦連結著你的痛苦，他的無助影響著你的無助，你開始意識到這個內在的孩子其實就是自己，於是壓抑在心底的委屈瞬間氾濫，根本原因或許就在於，你透支的太多，堆積如山的問題已經很長時間沒有得到處理了。」

他聽了我的話，眼中含著眼淚，點頭說是，沉悶的點上一根菸，宛如在默默的向內心懺悔。

其實我們每個人在心裡都知道自己想要什麼，而且也非常明白自己目前擁有什麼。可一面對生活職場中的問題，就開始對自己不真誠起來。這樣的事情每天都會發生，比如，明明不想接的案子，腦袋一熱給接了，會議時覺得自己是萬能工具，出門就開始後悔的抓牆，但已經無法挽回。明明有些事情不願意摻和，禁不住別人的一聲好話，立刻來了精神，擺出一副責無旁貸的架勢，回家的路上，越走心越苦，可這篇怎麼也翻不過去了。明明覺得房子隔音不好，旁邊的小夫妻動靜太大，準備月底搬家，無奈房東的幾句寬慰，立刻又交了下一季的房租。明明是想在家裡好好過一個假期，卻禁不住朋友的勸說，一踩油門開到了一個自己根本不想去的地方。一切我們都沒有聽憑內心的安排，我們本來可以活得很瀟灑，卻因為沒有真誠的對待自己，而把一切攪和沒了，此時的我們只知道一味的指責干擾我們的外界因素，卻忘記了，其實最該指責的人就是我們自己，誰也沒有強迫你，唯一在強迫你的人就是你自己，他在強迫你忘記自己的真實，而我們卻不知道自己在乎什麼，順著這種安排一路逆行，飽嘗著一個又一個的苦果，那味道真是苦啊！可就是忍不住要吃，還能怨誰呢？

因為對自己不真誠，所以害怕面對真實的自己，我們多少心裡會有那麼點罪孽感，好像犯了錯的孩子，害怕大人面目猙獰的怪罪。但事實上這個存續在我們內在真實的自己，所需要的禮物無非是一個帶著真摯情感的擁抱。他需要照顧，需要關注，需要寬慰，而每個人邁開第一步的起先，本就應該徵詢內在自己真實的需要，只有徵詢滿足了他的需要，才是我們最真實的擁有和得到。所以找一塊安靜的地方，好好地照顧自己，我們可以這樣對自己說：

我知道很長時間以來，我都忘記了你真實的需求，
我知道你一直在那個傷感的角落徘徊，等待著我的關注和擁抱。
我對我之前對你的忽視深表歉意，
現在我願意拿出更多的時間與你相處，
我願意給你我真實的擁抱和看顧。
我有百分之百的能量可以保護你，
我不會再讓你受到任何傷害，我永遠的和你在一起，
讓我們開心起來，正視我們真實的需求，
然後一項項的去滿足它，這應該是一個完美的人生體驗，
讓我們放下憂傷，即刻的上路吧！

我們可以將這一切寫在一張紙上，貼在最顯眼的地方，或是摺疊在自己的錢包裡。在能量缺失的時刻，找一個安靜的環境，深呼吸，帶著平和的語調，安靜的誦讀，和內心深處的內在小孩多待一會，好好地照顧那個內在真實的自己，這時候你會發現，這種真誠地對待會讓你瞬間活在了愛的懷抱裡，你在這種氛圍中，與自己相擁，也更深刻的了解了自己，了解了自己內在的需要，了解了自己當下最該做的事情是什麼。

曾經有個朋友說：「我經常覺得自己好假，想要的東西太多，卻越追越痛苦，結果追著追著自己也不知道在追什麼了。慢慢的我學會了欺騙我自己，穿著一身四處招搖的外衣，內心卻是無比空洞的。成功是什麼，得到是什麼，誘惑是什麼，我害怕卻又想親近，明明心裡的聲音在說著不要，可自己已經將一雙手伸了出去。」

其實人生在世，所謂的成功不過是一個概念，真正讓自己獲得成就感的，是這輩子做自己開心的事情多於自己不開心的事情。想要完成它也很容易，那就是以真誠的狀態傾聽內心的聲音，去真切的滿足自己的需要，將每一件小事，每一件大事，都做得讓自己欣然悅納，這樣一來，我們的每一個動作中都會凝聚幸福的力量，每一念都能通達喜悅的彼岸，這一切本沒有那麼難，關鍵是你真的預備好這份真誠了嗎？

清理大腦，這裡需要一個肅靜的空間

當下的世界是一個充滿誘惑的花花世界，需求的越多，誘惑就越多，這些誘惑糾纏在我們深邃的腦海中，讓我們的思想陷入了混亂，我們的大腦因此而倍感疲憊，想好好靜一靜卻怎麼也安靜不下來。黑夜雖然寂靜，卻擋不住霓虹燈的閃耀，明明眼睛已經閉上，大腦卻沒有停止工作，各種大事小事，煩心事此起彼伏的湧上心頭，好像已經提前設定好了思維模式，迫使我們繼續去鑽牛角尖，想著想著，翻來倒去，心煩意亂，想要安靜已經成為了奢望。

世界是一款美味而充滿誘惑的大蛋糕，我們的思想就好像那把切割每一部分的尖刀，想要得到的更多，就需要讓這款尖刀越切越銳利，為此我們需要不斷的對其加以擦拭，找一個素淨的地方耐心的磨礪它。倘若這個時候我們對它的耐用性不管不顧，剛切完檸檬又去切洋蔥，剛切玩洋蔥又去切牛排，剛切完牛排又去切蛋糕，而從來沒有試圖去清理它，那麼擺在我們盤子裡的每一樣食物，可能就會因為這把刀的問題而走味，我們得到的每一種品質會下降，每一種都不是最好的。因此，在現實生活中適時的清理大腦是很重要的，我們需要給自己的思想一個素淨的空間，讓它在這個環境裡稍事休息，做好一件事情以後，按耐住心緒，稍微安靜一下再去做下一件，要給自己留出清理刀片的餘裕，否則時間長了，大腦承載的壓力過大，一定會透支，一定是要受不了的。

那麼究竟有什麼切實有效的解決策略呢？從心理學的角度來說，我的建議是四個字「著眼當下」！

現實生活中之所以有那麼多的痛苦，是因為我們過分拘泥於傷懷的過去或者過多的操心沒有步入現實的未來。可過去的已經過去，想太多也沒有用，未來的還未到來，想太多也沒有價值，我們唯一能夠把握的就是每一個當下，與其將信念投入到那些不可控的因素上，不如著眼於當下，將分分鐘的意念傾注在此時此刻。

當然著眼於當下並不是說一定要你放下未來的規劃，而是讓你分分鐘保持客觀和冷靜，你邁出的每一步都是審時度勢，每一步都知道自己真真切切的在做著什麼。想獲得真正的成功，不在於過去，不在於未來，就在於你真真正正邁出的每一步。這就好比有一位老禪師說的那樣：「真正的奇蹟不是在空中，也不是在火上水上，而是在地上。」簡簡單單的行路，一念接著一念，一念給一念傳遞能量，一念在下一念中蛻變出更好的樣子，這就是聚集我們周身能量最好的方法。

可悲的是當下很多人的人生行路方式都好像是在夢遊，儘管人在走路，心卻不在走的路上。這樣走路我們是根本無法體驗到生命的奇蹟和成功的喜悅。正是因為這種夢遊的狀態，搞得我們思緒飄飛，各種妄念此起彼伏，以至於在這種凌亂的狀態下，發散式的度過著自己的每一天，念想很多，但哪一個才能得以真正實現呢？於是人生猶如幻夢，我們覺得它越來越不真實了，世界嘈雜我們無法找到一個角落，用安靜去修飾它。因此要想真正意義上讓自己的意識充滿活力，就要首先試圖先將自己從夢遊的狀態中喚醒，深刻的活在每一個當下，帶著正念，帶著專注的思想意識走好自己的每一步，這樣才能在生命中保持充分的覺醒，將自己帶到生活，帶到活著的奇蹟中。

事實證明，著眼當下能夠產生專注，專注能夠產生智慧，而智慧代表著最明智的思想，可以幫助我們一步一步穩紮穩打的走向成功。人生這場戲，時間說長不長說短不短，我們所能做的，就是讓自己分分鐘活在真實裡，秉持著自己最真實專注的思想，一步步的走完全程，而在這個過程中你會發現，儘管外面的世界風雲變幻，但是只要自己能夠把握好當下，周遭複雜的思緒都無法干擾到自己，我們可以在別人浮躁不安的時候，專注的飲下一杯清茶，在別人不知道怎麼做才好的時候，依然秉持正念保持著專注而樂觀的思想。我們可以冷靜的看待當下發生的每一個問題，並認真的分析，採取最適合的行動，而這個行動不在過去，不在未來，就在此時此刻。

由此看來，想過上並不凌亂的人生也不是什麼難事，關鍵就在於我們能不能解放自己的大腦，給它一個更為寬鬆素淨的空間環境。我們需要適時放下過去的牽絆以及未來的妄念，讓思想這把尖刀時刻保持睿智和活力，才能更清晰的知道自己想要什麼，才能更精準的得到自己想要的一切，我們會從容的找到我們最需要的那一部分，並迅速的擁有它，充分的滿足自我，讓自己恆久的保持在快樂的狀態，身心的寧靜。所以還等什麼？現在就轉過身，專注地為自己沏一杯茶，望著窗外，專注地飲進它、品味它，感受水的柔和，茶的甘甜，相信在這個過程中，你一定能品出不同的味道，找到那個內心深處最強大的自己。

學做那個隱藏在心靈深處的觀察者

每個人都覺得自己活得是真實的，因為我們的感受是真實的，即便很多事情不是我們想像的那樣，但倘若我們的感受真實，那它所帶給我們的一切就都是真實的，我們相信自己的眼睛，相信自己的耳朵，一切親身體會，會讓我們對眼前的一切堅信不已。但與此同時，還有一種現象，就是我們因為各種原因對自己的體會產生了懷疑，有意的逃避，帶著一種僥倖的心理，我們試圖不去接受眼前的一切，想以另一種思路去重新詮釋自己的理解，倘若事情不是自己想像的那樣，恐怕心裡的感受要比真是那樣好的多。於是乎，我們忘記了探索自己飽含在心靈深處真正的聲音，最終深陷在感知與意識的矛盾中，我們一邊相信著所謂的真實，一邊下意識的欺騙自己，我們無法真正拿出勇氣正視真實的需要，沒有下意識的觀察自己內在的動機，以至於最終導致了諸多莫名痛苦的產生。

前段時間工作室來了個朋友，她的困惑在於，每當自己準備專注的去做一件事的時候，腦海中閃現的卻是另外一件事，而這件事會讓她的大腦不斷發散，最終變得越來越凌亂，一時之間，她分不清自己到底應該先做點什麼。隨著這一切無非都在一些小細節上，可時間長了，卻讓她的大腦產生了凌亂的感覺，她的頭開始不斷的冒汗，大腦經絡擰成了一團，眼前發黑，四肢無力，總是在關鍵時刻產生無比強大的負能量，起先她覺得自己一定是累了，可經過一段時間的觀察，她發現這不僅僅是累的問題，因為這種感受在不斷的扭曲著她的心靈。她開始煩躁，開始不安，她花高價做了細緻的體檢，結果查不出任何毛病，於是最終她想到了心理諮商求助。見到我的那天，天空陽光明媚，但她的臉卻陰沉著，她說很多時候自己也不知道自己在想什麼，明明準備去倒杯水，卻不由自主的拿起了菸盒，隨後手賤的又去摸旁邊的筆記本，而此時的腦海，突然湧現出當天早上一條條的新聞資訊，而且每一條都記得如此清楚，一時之間當下變得凌亂起來，自己也不知道問題到底出在哪裡，總之一切都錯亂了，錯亂的讓她體會到恐慌，錯亂的讓她懷疑自己是否還真的存在。

其實現實生活中很多人都多少出現過這樣的問題，只不過沒有像這位朋友這樣敏感，我們想去做的事情本來就在前方，可不知道怎麼回事，我們偏偏就是會在關鍵時刻出岔子，把路線改到了另一條路上，而上了路以後，這條路又出現了無數的分支，一行之下差了十萬八千里，繞著繞著竟然忘記了當初最想做的事情到底是什麼。老實說這樣的經歷並不罕見，就連我自己也深有體會，那種慌亂是痛苦的，想要擺脫它，就要先學會於這種痛苦和平相處。從現象看本質，問題總是有根源的。與其一味的從外部找原因，不如將更多的關注點滲透到我們的內在，做一個心靈深處的窺探者，看看自己究竟出了什麼問題。那個當初最先的想法對於我們而言有多麼重要，還是說，在我們下了決定要去做的時候，下一個動作要比之前的一切更讓我們感興趣。倘若已經決定去做了，為什麼會在自己邁開腿的時候，把步伐邁到了第二個方向呢？我們的內心究竟深陷在怎樣的矛盾中？我們到底在跟自己搏鬥什麼？那個心靈深處的我究竟出現了什麼樣的問題？我們又應該採取什麼樣的行動去解決這個問題呢？

為了解決這個問題，我以身試法給自己的心靈來了一個透澈的觀察，我試圖找到自己準備邁腿後的下一個動機，看看究竟是一種怎樣的吸引讓我最終改變目標，把腿邁向了別處。最終發現，這種動機來源於一個人內在需求的迷茫，也就是說，對當下自己所下的決定，還有諸多的不確定因素存在，以至於下意識的在做出決定以後，試圖去改變自己本來規劃好的一切。這時的心靈深處，彷彿住著一個不聽話的孩子，他試圖用這種方法獲得你更強烈的關注，試探你的意志有多麼的堅定，而此時的你只要有那麼一點點的不確定，就很容易被外界的其他事情所牽絆，導致注意力大逆轉，本來集中起來的能量也因此變得一盤散沙。我們的大腦之所以會跟自己開這樣的玩笑，完全在於此時的自己對自己真實的需求存在誤解，我們長時間總希望能夠從外在獲得更多，卻忽視了內在對於這一切的真實需要。在我們起初下意識決定一件事情的時候，我們思想的概念是「我應該去做這件事。」而不是「我必須去做這件事。」而應該和必須完全是兩個截然不同的概念，一個意味著「你可以做可以不做。」一個則沒有任何餘地，打這個概念萌生的那一刻就告訴你「Just do it ！」

所以我們很多時候都錯解了我們心靈內在給我們發出的指令，當你毫不猶豫的想去做一件事情的時候，必然會放下一切的負累。但如果這件事掛上了「應該」的招牌則意味著，這件事還沒有你想像的那麼重要。這樣這麼一分析，問題的原因就很清晰的出來了，觀察我們的內心和心動，我們自然可以從細節中尋找到答案。其實想成就一件事，沒有那麼難，關鍵是要更深入的了解自己，做自己心靈深處的觀察者是很重要的一門功課，我們必須要找到出現問題的原因，明瞭導致天不隨人願的真相是什麼，拋開外界的影響，我們應該向內尋求，看清自己真正的需要。

所以與其順著凌亂讓自己痛苦，不如坐下來安靜的做一個計畫，找一張白紙，將一切的必須和應該全部寫在紙上，它或許可以是這樣的：

XX事情是我眼下「必須」要做的，因為 ________________
針對這件事我想我「應該」____________________________
為此我永遠不「應該」_______________________________
而是一直「應該」__________________________________
這種「應該」一定要成為「必須」，因為 ______________

把這些填好後，你一定會對自己的內心世界有一個充分的理解，而下一步要做的就是要用自己的行動去印證你有多麼在意，乃至於多麼愛它。有了每一步的行動計劃，就好比在春天大道上行走，腳步輕盈充滿生機，我們可以準確的掌握自己的行程，並知道它最終會通向哪裡。我們不再慌亂，不再因為內心的不確定將本應「必須」的事情改成了「應該」。人活在這個世界上，「應該」的事情很多，可你真的都能做到嗎？倘若真的很重要，那就放下所有的一切去完成它，否則別說自己總在錯亂中生活，問題都是自己創造出來的，一切都源於我們自己沒有觀察好我們自己，說你「活該」可千萬不要生氣哦。

看看潛意識裡的自己，究竟是一個什麼樣子

繁華的街市，人潮熙熙攘攘人來人往，每個人的臉上似乎都帶著一個面具，以至於誰也無法看清自己。有些痛苦痛著痛著就麻木了，有些想法走著走著就淡忘了，在我們的潛意識中，很多人都找不到真實自己的樣子，儘管有些時候，這一切時不時的會突然讓我們陷入恐慌，不知道鏡子對面的自己到底是誰，卻依稀能從自己的眼神中看到內心的渴望，冥冥之中心靈彷彿有個聲音說：「回去吧，回去看看那個最純粹的自己。讓自己回在最真實的狀態才能找到自己的快樂啊。」可是不知道為什麼，那雙帶有淚痕的雙眼轉過身，便成為了另外的樣子，我們會繼續帶上面具生活，欺騙著別人，也欺騙著自己。

每個人都希望自己能活成別人眼中優秀的樣子，可就是因為太在意別人，才在自己的潛意識中強化著意識和概念。諸如我應該像誰誰那樣做自己，我應該活在萬眾矚目的聚光燈下，我嚮往自己有很多很多的錢，住著敞亮的房子，還有一部豪華的轎車，卻不禁忘記了，就在當下，自己是不是在做著自己喜歡的事情，自己是很需要這一切，還是能夠在眼下的分分秒秒中找到屬於自己的快樂。所以回頭看看吧，在我們的潛意識裡，當下的自己究竟是個什麼樣子。老實說從心理學的角度，我們潛意識中的自己，在我們很小的時候就被曲解著，直到今天，那些後天賦予我們的意識概念帶給了我們自己很大的困擾。

回想一下小時候吧，當我們在心中燃起了對某件事情的渴望，或是從本能的意識中覺得處理事情應該是這個樣子，此時身邊的大人卻走過來，用他們的思想不斷的強化著我們內心的概念，告訴我們：「不應該這樣做，事情本來是這個樣子的。」他們用他們的強勢，曲解了我們的意識，儘管我們心裡很不情願，但是在潛意識中卻因此而被強化，一種暗示不斷的在告訴我們：「我這樣是不對的，父母那樣才是正確的。」隨後，我們自願半自願的放棄了自己本來的想法，放棄了源自於自己本來意願的行為，去順應另一種思想，也恰恰是因為這個原因我們整個人生的程序也跟著重新改寫了。

想想自己在生活中的每一份得到和失去吧，我們人生的每一項選擇，真的都是我們自己本能的選擇嗎？真的全部源自於我們的本心嗎？如果是這樣，是誰在馬上就要付諸行動規劃的時候，因為身邊某某人的一句話而改變了主意，是誰在填報志願的時候，因為父母的一句規勸而修改了志願，是誰明明想給自己換一個更滿意的住所，卻禁不住房東的一聲好話，一下又交出去了半年的租金。又是誰明明從小立志成為出色的設計師，卻因為所謂的順應現實而放棄了理想，沉淪在茫茫人海之中，再也找不到自己的影子？

這一切都是我們嗎？是我們，這一切都是真實的嗎？是生活最真實的寫照。這個世界是多元的，我們很容易受到外在環境的影響而改變自己的人生，我們潛意識的密碼不斷的被修改著，小到今天去哪家餐廳，大到整個人生的流程走向。我們明明看好了一條路，卻因為種種外在的環境影響而走向了另一個人生方向，而這一走，就與本來的人生差了十萬八千里。

倘若這種潛意識的改變是快樂的，倒也無可厚非，但倘若這種潛意識的改變是痛苦的，我們又該怎麼面對眼前的這些痛苦呢？一切都是自己的選擇，一切都是自己一步步走出來的，即便是受到別人的逼迫，但倘若你不想改變，誰也改變不了你。細細想來，問題還是出在自己身上，我們一面看著蒼白的自己痛苦，一面又不願正視自己，擺出一副若無其事的樣子裝扮著別人，這就是我們自己與本性之間存在的最大的衝突，也是最為痛苦的衝突。

所以要想看到人生的春天，我們就必須給自己時間，整理自己理清思路，看看自己到底想要什麼，不斷的傾聽內心的聲音，看看那個藏在我們潛意識下的自己，那個被無數外界影響曲解的自己是不是應該透過我們後期的努力得到改善。或許我們應該給自己一個機會，與自己的身體和心靈好好相處，翻過篇去打量一下自己的回憶，那些快樂的，不快樂的，到底都用什麼樣的方式影響了自己的潛意識，乃至於影響到了我們的整個生命。

或許對於我們而言，人生這趟旅程，我們獲得了很多，卻沒有真實意義上得到真正的快樂。真正的快樂在於找到我們潛意識中最純粹的本質，我們要對自己有所覺察，究竟什麼導致了當下，諸如，恐慌、憤恨、急躁的負面情緒，為什麼一件看似普通的事情，別人可以若無其事，而在自己的世界裡，卻是一陣的翻江倒海？恐怕很多事情並沒有那麼簡單，一切問題都是有原因的，而很多的原因從心理學的角度來說都源於我們的小時候。

小時候的無力感，讓我們只能一味的順從，以至於潛意識因為別人的一舉一動而被修改，而這些意識往往在修改的同時給我們帶來了很多錯誤的觀念和判斷。曾經就有一個孩子說，因為小時候覺得父親很軟弱，以至於長大的自己每次遇到別人向自己示威時，都會努力的展現出自己強勢的一面，儘管這樣的性格讓他在很多方面都占了上風，但自己卻從來都不快樂。

於是我運用了催眠的方法，讓他回到了自己小時候，那個內心因為父親軟弱而倍感無力失落的時刻，我讓他用心的與那個時候的自己交流，與那個時候的父親交流，告訴他們此時此刻自己的強大，並告訴他們自己已經對曾經的這一切表示理解，現在自己有能力來保護自己，保護家庭，保護爸爸，自己不再軟弱，而是一天比一天強大，從那以後，他的狀態就改變了許多，主要原因就在於潛意識中的錯誤觀念被無形的修正過來了。他終於有了更強大的能量面對自己，也有了更美好的心態迎接將來。

所以，與其在那裡為自己想要什麼而徬徨，為自己為什麼不快樂而痛苦。不妨花點時間來洞察一下自己，看看自己的潛意識中有多少內容需要自己幫忙，而當我們將他修正過來的時候，內心又會呈現出怎樣的成就感。痛苦的病因往往並沒有我們想像中強大，它很可能是一個概念，一個資訊錯解後的困惑，把這些解決了，自己就再也不會受到這些內容的牽絆。人生的快樂，總要一點點的把自己活明白，研究自己就是在探尋人生，這趟旅程很有樂趣，踏入了這條河流，你會發現眼前的這一汪池水越來越清澈了，人生的春天就這樣在歷經了寒冬以後綻放了笑臉，原來我們本就活在百花深處，只不過過去的自己從來沒有意識到罷了。

別放下了不該放的東西

小時候，當其他的小朋友搶走了我們心愛的玩具，我們會本能的痛苦哭泣，這時候身邊的大人總是說：「一個玩具有什麼大不了的，放手去分享給其他的小朋友吧！」於是乎，從那一刻起，我們漸漸習慣了失去，習慣了不情願的放下，我們以為這是一種無私的表現，可以證實我們心胸的寬廣，卻無形的為了這種突破自我的高尚精神失去了很多快樂，我們因為自己不情願的放下痛苦不已，卻又不經意的在意識的指導下一次又一次不情願的做出選擇，結果我們發現，自己的付出對於別人來說成為了理所應當，而對於自己，卻感受不到任何富足的快樂，因為這種不快樂，很多人衍生出了憂鬱，開始對生活失去動力，開始質疑自己的價值，開始覺得不管自己做還是不做都是一種失去，都是一種錯誤，而這一切我們無法對任何人報以怨恨，選擇源於我們自己，而內心世界因為失去的那種撕裂感，根源也都在於我們自己。

細細想來我們的人生對於這個世界不過短暫的一瞬，生命歷程相對於宇宙的永恆而言，並不長遠，而在這看起來匆匆而過的幾十年裡，所有的得到其實都包含著它存在的充分理由和價值。倘若有些得到能夠切實的滿足我們快樂的需要，切記不要因為一個「假無私」的理念而輕易的錯過和放下，儘管人生的得到對於我們的生命而言不過短暫的一瞬，但這一瞬對於快樂的感受而言也是彌足珍貴的。我們很難想像一再的錯過會給我們周身的能量帶來怎樣的影響，而這些影響串聯在一起，唯一可以構成等號的，就是一個不屬於我們自己的人生。

曾經有這樣一個故事，一個學生問老師：「老師我究竟如何才能得到人生中最重要的一切。」老師聽了微微一笑，把他帶到一片麥田，對他說：「你現在去揀選一根最為飽滿的麥穗吧，但是有一個條件，不管最後你選擇的是什麼，都不可以回頭，而且只有一次選擇機會。」於是這個學生便欣然上路，走進了寬闊的麥田，儘管在他經過的地方有很多飽滿的麥穗，但他總是覺得只要自己可以放下當下的一切，後面就會有更飽滿的等著他。於是他一直向前走，帶著希望和滿心的糾結，可另他失望的是，當他穿過整個麥田的時候，發現自己越走選擇餘地越小，越走自己越找不到滿意的麥穗，最後為了敷衍了事，他只得不快樂的隨便取了一支，帶著一臉的失落，來到了老師的面前。

看著學生一面沮喪的樣子，老師拍拍他的肩膀說：「孩子，在任何情況下，都不要放下不該放的東西。你的錯過源於你的放下，這個世界並不是放下的越多越富足，生命交給我們的是要珍惜好手中的一切，著眼於當下，只要你覺得寶貴重要就一定要把它緊緊的抓在手裡。」學生聽了若有所悟，他緊緊握著老師的手說：「我一定會珍惜生命中所擁有的一切，因為只有這些屬於我的，才能讓我擁有真正的富足。」

在我整個的職業生涯中，有不少朋友都是因為太不在意自己所得到的一切，才在失去的那一刻將自己列入了受害者的隊伍。他們說起初的自己並沒有意識到曾經所擁有的一切有這麼重要，直到自己一不留神的錯過放下，才意識到原來失去了它心裡會是如此的痛苦。

小麗就是這樣一個因為失去而受傷的女孩。她曾經有一個知己，有一個很愛很愛她的男孩，在她看來，只要她願意，對方就會永遠無條件的陪在她身邊，所以總是拿他當備胎，任性的渴望尋找到更合適自己的對象。她在這個男孩面前性格刁蠻，對於對方的付出也毫不在意，嘴上還時不時的刁難著說：「你信不信我說放下你，就再也不會回頭了。」

直到有一天，對方手捧著黃玫瑰告訴她，自己交了一個女朋友，可能以後沒有那麼多時間陪伴在她身邊了，聽到這個訊息，小麗的內心一下子空了，儘管表面上她滿不在乎的接過黃玫瑰，不屑的說著：「祝你們幸福。」卻在轉身的那一刻，留下了眼淚。望著小麗遠去的背影，男孩說：「如果你此時轉過身來，我們就永遠在一起。」可倔強的小麗卻沒有這麼做，她直接的向前走，絲毫沒有回頭的意思，她以為自己的選擇很無私，很高尚，卻因為這份無私和高尚深陷在了痛苦的陰霾裡。

從那以後，小麗發現自己活在了一種極度的痛苦之中，每當她習慣性的在電話簿上找到他的名字，內心的酸楚就會油然而生。當初那個最在乎自己的人，忽然之間遠離了自己的世界，此時小麗才意識到，這個人對自己是多麼重要，可一切都完了，她放下了不該放下的，也接受了付諸這一行為的懲罰。她問我到底應該怎麼辦，而我除了同情以外，真的不知道還能做些什麼。

佛語有云，這個世界有因才有果，人生的一切選擇權都在我們自己手裡，所有的得到本來都是我們自己的福報，但倘若自己不珍惜，這些幸福的能量難免會從我們的指尖悄悄滑落，等到我們意識過來，等到我們對這一切喪失的可控的能力，痛苦的感受就無形的滲透於心，讓我們極不情願的體驗到傷害，它是如此的無情，無情的讓我們束手無策。

所以，親愛的，不要覺得沒有得到的才是最重要的，人這輩子，要有膽量去追，同時也要學會保住手上的一切，好好的看顧它珍惜它，不要隨意的放下，它是我們幸福的資本，是我們已得的財富，只有抓住了我們已經得到的一切，才能有資本贏得更多的收穫，當下所得到的才是我們真正的內在驅動力，不要讓那些不該有的念頭削弱它的能量，更不要將所得到的隨隨便便的放下，因為當你手心向下鬆開五指的時候，那所流失的就好像潑出去的水，想要再找回來，真的就沒那麼容易了。

夏

綠葉映照，蟬叫蛙鳴，

陽光聚斂下，你的身影，

如久別的老友般回顧著遺忘的曾經，

應時而動的季節，眼前不斷浮現的活法，

手持行動的密碼，在實踐中認識了真正的自己。

第四章
久別了影子，原來我已對你遺忘多時

多少境遇與自己擦身而過，
在時間的流動裡，
一點點忘記秒針波動的低鳴。
用智慧的酸性融化掉自己的愚昧，
原來身體間跳動的，是如此唯美的符語。

曾經的你傻傻的錯過了多少快樂？

夏天的炎熱，讓人內心浮躁不安，以至於很難集中精神去處理一些事情。為了讓自己的心平靜下來，我打開窗戶，望著窗外飄過的藍天和雲朵，只見天邊的雲朵不斷漂移，不一會的功夫由一個形態變成了又一個形態，此時一個念頭在我的腦海中悄然而起：「同在一個藍天下，卻有多少人錯過了天上的雲，也錯過了生命中最快樂的時光，最精彩的部分。」對於人生而言，上天在每一分每一秒中都為我們做出了精心的設計，而我們卻從沒有意識到，只是一味的將眼睛看向前方，強烈的目標感讓我們顧不得抬起頭，顧不得沿途的風景，以至於最終思維僵化，只看到了眼前的一點點，卻錯過了整個天地的遼闊。

對於宇宙天地來說，我們作為人只有那麼一點點，因為受到眼界的局限，我們煩惱的事情，我們能想到的事情也只有那麼一點點，太多人因為本沒有必要的煩惱而錯過了生命中更重要的事情，直到有一天時間蹉跎，人已老去，渾身插滿管子的時候，下意識的回過頭回憶當年的自己，才發現那些讓自己計較了一輩子的事情，讓我們空落落的白活了一場。也許我們會想，倘若當年我們放過了自己，把用來糾結痛苦的時間用來做一件自己快樂的事情，那些所謂的糾結對於我們的人生而言，都不過是浮雲，根本稱不少什麼有價值的收穫。倘若當年自己能夠適時的將眼睛向上看，就會見識到天地的遼闊，就會拿出更多的時間享受生活，就會讓自己體驗到更多的快樂，就會讓自己的獲得生命最真實的豁達。倘若自己當時沒有因為一段感情的結束而將自己撕裂，就會發現那這種分離不過是給更愛自己的人一次表白的機會，我們不會拘泥在痛苦的回憶裡，而是更有膽量張開懷抱去迎接下一個為我們真誠付出的人，最終幸福是自己的，愛是自己的，我們不會再因為錯過而悔恨，而是在無比的珍惜中分分秒秒的去體驗生命的幸福感，那種美好的感覺會讓我們放下所有的怨氣，情不自禁的對自己的世界投入美好的情緒，我們會在建設自己的過程中體會到充分的成就感，而這一切對於人生匆匆而過的幾十年來說才是最重要的。

生命如此短暫，為什麼要讓自己一再錯過，生命如此寶貴，為什麼要用這些寶貴的時間來痛苦。我們不可否認，現實的世界時不時就會讓我們體驗一把失去的痛苦，但只要你更深入的去體會，就會發現當人生有所失去的時候，上天總會以另一種方式派發下驚喜的禮物，可這個時候，我們對待這一切已經沒有了愉悅的心情，我們覺得一切都實在太糟糕了，糟糕到整個身心沉浸在了無止境的挫敗中，因為這種挫敗感來的太猛烈，猛烈的讓我們喪失了理智，以至於讓我們誤以為自己的整個空間都被痛苦占據了，卻不知道其實當下所感受到的一切對於整個生命而言，不過是鳳毛麟角，它的存續在人生的長河中連百分之零點幾都不到，我們原本還有大把的時間去享受快樂，去積極的營造幸福，帶著愜意的笑容，吹著輕快的口哨，在遠行的路上，欣賞一路誘人的風景。我們總是習慣的犯下由點成面的錯誤，因為當下的一個痛點，就習慣的放下了本來美好的一切，直到走出了當事者的迷局，才發現原來曾經為痛所矜持的一切，都是何等的愚昧，可這時除了惋惜和一聲長嘆，時間已經成為了不可挽回的罰單。

從心理學角度來說，人活在這個世界上，每個人多多少少都會有痛苦的經歷，但這並不意味著我們要因為這個痛苦而錯過了身邊所有的快樂。痛苦不過是一個點，一件事情，乃至於某一個讓你不快樂的瞬間，但這並不代表著你當下的所有時間都要深陷在這種強烈的不安和焦慮裡。倘若我們可以意識到這一點，就不會輕易的錯過生命中任何一段美好的時光，任何一份屬於自己的快樂。即便此時此刻你感受到了痛苦的傷害，就在受苦的同時，你依然可以面帶微笑的去享受其他給你帶來無比快樂的事情。這兩者並不衝突，或者說並不存在連帶關係。我們可以用快樂的情緒去疏解那種並不暢快的感受，而不是以錯過的方式，讓痛苦在我們的身心氾濫，最終將自己打造成一個倍感憂鬱的受害者。倘若聰明的話，我們應該在受苦的時刻努力的運作自己快樂的思緒，想到自己的富足，想到自己並不是一無所有，內心就會因為這份得到的愉悅而強大，我們不會因為一時的挫敗而放下自己所有的快樂，因為我們知道這種感受本就不會讓我們因此而失去什麼，更不會有能量讓我們錯過生命中一絲一毫的精彩。

介於這種考慮，我們可以運用潛意識這個工具，來順利的幫我們整理思路，或許只需要一分鐘，那些常伴我們的痛苦感受就會因為我們緊抓不放的快樂，而削弱自身力量，從而漸漸淡出我們的世界，讓我們的身心重新恢復到安樂的狀態。方法也很簡單，下面就分享給大家：

第一，調整自己的呼吸。讓身心在一呼一吸中平靜下來。我們可以對自己說：「吸氣，我很快樂，呼氣，我很快樂，吸氣，我很富足，呼氣，我很富足。吸氣，活著的我是如此的幸運，呼氣，我因為這種幸運是何等的喜悅。」我們可以將自己的注意力完全集中在自己的呼吸過程中，讓急促的不安漸漸歸於平靜，讓理智重新主宰我們的世界，確定自己平靜以後，我們就可以進入下一步的流程了。

第二，列出當下自己所擁有的一切。這是一個見證自己富足的時刻，我們可以試圖用這種方式與自己交流：「雖然當下的某事讓我感到痛苦，但它不是我的全部，除了這份感受以外，我的生命中還擁有很多內容，比如就在此時此刻，我的生命中還擁有……這些令我快樂倍感欣慰的內容，這些都是構成我美好生活的優勢，而我應該因為自己能夠享受到這一切而快樂，我是這樣一個活生生快樂的人，我要去擁抱我的快樂，而當下的我已經快樂起來了。」

第三，保持微笑。很多人說自己在感受痛苦的時候根本笑不出來，但是這種微笑的表情卻可以瞬間讓一個人感受到內心的強大。我們可以拿出鏡子，對著鏡子前的自己練習著微笑，讓那種面目猙獰的自己，重新恢復到和顏悅色的狀態。或許起初，這種微笑會略顯僵硬，但當你將注意力集中在自己的面目表情時，一切就會自然而然的獲得調整，我們的內心，會因為我們的微笑發生改變，我們開始用最溫暖的方式照顧自己的痛苦，同時也不錯過當下的快樂。

做完這一切以後，我們會發現，原來自己什麼都沒有失去，如果說真有錯過的話，就讓我們去錯過那種由點及面的痛苦感受吧。我們已經完全脫離了痛苦的一切，重新回到了快樂的空間氛圍裡，上一秒的痛苦的自己，絕對不能影響到自己下一秒的喜悅，我們要讓自己適時的聰明起來，而不是傻傻的在內心世界囤積煩躁、憤怒、傷感和沮喪。倘若曾經的自己，因為這一切一再錯過，那麼從當下開始徹底改變吧！快樂是自己給的，錯過的內容由自己定義，你是你自己的主人，而你又希望在什麼樣的狀態下度過人生呢？

最高境界的才華是忘記時間

曾經有個朋友跟我說:「每天早上醒來，就聽到鐘錶滴答滴答的響起，心裡就有個聲音告訴自己:『生命又過去了幾秒，幾分，而這幾秒幾分自己竟然躺在床上什麼事情也沒做，簡直是在浪費生命。』內心的緊迫感一下子就迸發起來，伴隨著心跳和呼吸，整個神經瞬間從安逸變為了緊張，恨不得一下子就從床上蹦起來，否則就對不起自己。」聽了這話，我嘲笑他得了強迫症，他卻很認真的告訴我這種情況在他還很年輕的時候就已經有了，而到目前為止，他很感激這種感覺，覺得假如沒有這種感覺在敦促自己的話，說不定就沒有現在的成功。

不知道大家有沒有這種感覺，我們每天都在和時間作戰，有些朋友會把要做的工作指定規劃在一天中的某一、兩個小時，希望能夠在這段有限的時間中把手裡要做的事情做得精準漂亮。可有些時候，儘管我們很用心很努力，還是會超時，尤其是看著時鐘還剩下十分鐘、五分鐘、二分鐘的時候，那種內心的緊張感甚至可以抽搐到我們的四肢，直接影響到我們的情緒，一旦我們發現時間真的已經超過了，就會很沮喪，好像自己做了一件多麼糟糕的事，甚至有人還會沉著臉小聲嘟囔著自己:「沒用，實在是太沒用了，這點事情都做不好。」於是，一次，兩次，三次，我們一次次的在這種時間超過和自我否定中挫敗著自己，直到把那種負面的自我判斷深入骨髓，直到有一天自己再也不敢為自己做出計畫，再也不想為自己設定時鐘安排，行為也跟著一天比一天懶散，一天比一天沉悶，覺得什麼都沒有指望了。

那麼事實真是這樣嗎？如果我們可以用理智而科學的眼光去觀察整個計畫的設定過程，就會發現，我們之所以會在之後完不成任務，並不是因為我們做得不夠快，而是因為我們心理對自己期望值要比我們實際運作的能力等級高，以至於最終我們很努力很努力，最後貌似還是差了那麼一點點，但即便是這樣，也要比沒有這份心中的期待效果好得多，這種感覺就好像我們無形之中在練習跑步的時候被教練綁了沙包，明明以前在那個規定時間能夠輕鬆的跑完全程，但這次竭盡全力卻還是差了那麼一點點，但假如從整體的角度來測評，還是要比以前快了不少。

曾經就有一位生意很成功的大姐說過這樣一句有哲理的話：「目標是會縮水的，所以我們一定要盡可能的把它定得大一點，假如我們把目標定成一個太陽，那我們得到的就是一個月亮，假如我們把目標定成一個月亮，那麼我們說不定只能得到一個星星，但假如我們把目標定成一個星星，那我們得到的只能是無盡的漫漫黑夜。」這與我們制定時間計畫表的意思是一樣的，看起來貌似差了那麼一點點，但事實上，進步是無形的，我們只是被鐘錶欺騙了大腦，覺得自己狀態越來越差，活動越來越慢，而沒有意識到自己判斷所存在的誤差，所以總覺得自己努力半天還是看不到成果，其實該得到的已經得到。

不可否認，這樣有誤差式的進步方式可以非常有效快速的提高效率，可一旦影響到了自己的情緒，最終造成了心態認知上的陰影，積極的動力就會受到很大考驗，除非你能永遠享受這種痛並快樂著的過程，了解其中的原理，否則很可能出現兩極分化，進步是飛躍式的進步，退步也是大跨步的退步，到時候不但享受不到成功後的快樂，說不定還會出現憂鬱、強迫等心理問題，這麼一算下來可就真得不償失了。

那究竟什麼樣的狀態最有利於人生的發展呢？究竟有沒有更好的方法能讓大家在享受快樂的狀態下將手裡的事情有效率的完成呢？為此我思考了很長時間，發現還真的有，關鍵還是要看大家怎樣更好看待這個問題，這個世界上最高境界的才華不是記住時間，而是忘記時間，假如我們能將時間的領域拓寬，把它看成是一種永恆存在的概念，內心對於它的存在就沒有那麼執著了。

既然每天日出和日落不過是這個世界與宇宙呼應的自然現象，既然每一天時間都在不斷的向前延續，假如光陰只是我們人思想中的一個概念，那我們為什麼要用它限制自己、折磨自己，讓自己在這個概念下悲傷、挫敗、憂鬱？不管生命對我們來說有多久，那都不是我們自己能決定的，或許今天還好好的，明天一口氣沒上來就離開了。既然長度我們無法確定，那我們不如去不斷的拓寬它的寬度，全力以赴的專注去做我們想做的事情，忘記種種不必要的憂慮，忘記時間的存在，不要再讓這個概念限制自己、壓迫自己，而是翻身成為自己靈魂的主人，在屬於自己的跑道上自由奔跑，在屬於自己的世界裡自由自在的生活。

假如可以這樣，我相信從此以後，我們的心裡不再會有時間這個負擔，即便是活到怎樣的年齡都能平和淡定的看待人生，不論是工作還是生活，分分秒秒間全都滿載的是快樂與憧憬，即便是入夢之時也能平靜安穩，只要我們樹立信念，不斷的告訴自己：日子是我的日子，人生是我的人生，既然時間對我而言不過是個概念，那又何懼錶盤上不斷撥動的針弦？世間最高境界的才華是忘記時間。只要專注於自己的路，即便前方是一片黑暗死寂，只要向著太陽昇起的方向努力奔跑，天早晚會照亮前方的路，心照樣會因豁達而喜悅綻放。

別急著對自己妄下定論，在我們的人生長河中，會經歷很多事情，最印象深刻的往往都有著一番命運的波折，這些波折常常會影響人生的諸多定義，我們的思緒會指引我們對自己做出評價，它時而高亢時而低迷，原本以為自己是這個世界上最了解自己的人，卻一時之間看不清自己的真實面目，我們試圖在這個世界上尋找自己的定位，卻常常因為某件小事就對自己妄下評論，當這種自己製造出的概念滲透到了潛意識，下一步便要落實到行動中去了，老實說這樣的能量流動著實的可怕，它可以改變我們的性格，改變我們的三觀，甚至改變我們整個的人生。

生活中很多朋友都會犯這樣一個錯誤，在諸多的口頭禪中本該最忌諱的一句就是：「我這個人就是……所以我才……」、「沒辦法誰讓在下就是一個……的人，所以最後只能……」這樣的話看似平常卻著實傷人，它讓我們一而再再而三的在潛意識中強化著一種暗示，彷彿在說：「因為我是一個對某某事無力的人，我的性格決定了我的命運，所以才鍛造了這樣一個不幸的結果，我對此事沒有一點辦法的。我必須接受現實，因為我是一個……樣的人。」有了自己對自己的定義，我們的人生就開始在這樣的定義中鍛造結局。本來人生的旅程可以充滿各種未知和精彩的成分，卻因為過早的定論而預示了一個並不那麼完美的結果。

有句話說得好，人生就是一個尋求和尋見的過程，宇宙的能量在這個過程中聚焦，一切完全取決於你自己對自己的定義。能量是沒有情感的，倘若你不善加利用，它就會從一方倒行到另一方，從細枝末節中徹底改變你的人生。我們生命中所得到的一切，完全取決於我們得到的能量，能量聚焦到我們想要的，我們會得到，聚焦到我們不想要的，我們也必須得到。倘若我們過早的對自己的一切往下評論，那無異於利用潛意識與這種能量採取了對接，我們腦海中越是重複我就是怎樣怎樣的，那麼最終，毫無疑問你永遠跳不出你所定義的範圍。

常言說得好：「大道無形」，真正修行的人都明白和其光同其塵的道理，之所以這麼做就是為了破除內心固有的概念，將生命的定義不斷拓展，最終創造無限的可能，融入到無限大的自在與快意中去。他們不會對自己妄下定義，因為一切的定義和概念都會阻礙周身能量的流動，他們讓自己的能量與天地的能量合而為一，最終呈現出超乎想像的強大氣場，萬物為他服務，心想事成也再不是神話。

雖說現實生活中的我們算不上什麼聖人，但也沒必要用一個怎樣固有的、消極的概念來折磨自己。出於職業的原因，我發現很多前來求助的朋友都有一個通病，就是上來就表明立場，聲稱自己是一個失敗者，受害者，沒有前途失去一切的淪落者，此言一出負能量已經占據了周身的大半，想要即刻翻身，也扭轉不了這些錯誤的概念，即便明天是晴空萬里，他們還是無法看到一個美好的未來。

曾經就有一個求助者聲稱自己一無所有，是一個極度沮喪的失敗者，人生對於他而言，全部都是痛苦，已經沒有更多的意義。他滔滔不絕地陳述著自己的沮喪和失去，我就在那裡安靜的傾聽。整整一個小時，他都在陳述著自己各種不幸的遭遇，越說越是激動，越說越是流淚。

聽完他的故事以後，我讓他嘗試著用左手握住右手，對他說：「你有沒有感受到左手在給右手力量？」此話一說，他的臉上呈現出驚訝的表情。「你看看你真的是一無所有嗎？你的身體如此健康，你的左手在不斷傳遞給右手力量，你的雙腳如此靈活，以至於可以幫助你前往任何一個想去的地方。你有愛你的父母，關心你的朋友，世界如此遼闊，你可以找到自己很多想做的事情去做。就在當下，你正在享受著身體血液的補給，你周身的每一個細胞都在如此鮮活的活著。你怎麼能說自己一無所有呢？這些真實能量的存在，並不僅僅只是想讓你體驗痛苦的感受，相反，相當程度上你的生命還有著更為多元的定義。這裡面每一個定義都掌握在你的手裡，你可以以更正面的態度去面對生命有限的時間，你可以用自己所擁有的一切去拓寬生命的意義，這些定義和能量越是無限，生命的可能就越是無限，你還沒有來得及體驗，怎能說生命對你喪失了意義？你的失敗不在於整個人生的失敗，而在於你自己對自己人生的定義，去掉這個定義，重新回到自己的時間，你就會發現，原來自己所能把握的事情還有這麼多，而生命中的每一個當下都可能是一個奇蹟的開始，而這些機遇和奇蹟，說不定就在下一秒，你怎麼能隨便的說自己是整個人生的失敗者呢？」

人生這東西，失意得意都是短短的一瞬，我們經常妄下定論，認為當下的失去就是生命的失去，當下的不如意就是整個人生的不如意，當下失敗的自己將會是一個永恆的失敗者。倘若你這樣定義，那麼影響自己運勢的罪魁禍首不是給你帶來失落的人，而是你自己。

曾經有人說：「過去之所以能以預言家的身分出現，是因為我們對於未來早有定論。定義的規格太高會因為達不到而失落，定義的規格太低，便在不經意間將自己打進了無底深淵。一切的語言在定論中越來越精準，不是因為定論精準，而是我們在不斷的重複中將它打造成了精準。」所以，親愛的，著眼於當下吧，不要為自己過早的背上定論的負累，當下過後的下一個當下就是未來，專注的把握好眼前所能把握的一切，就是對未來最到位的責任感。倘若可以完成對自己不妄下評論的蛻變，說不定下一秒就能創造無限可能。沒有定義的定義代表著無限，讓我們帶著孩子一樣的好奇心，去經歷這種無限，活出自己的真性情，在即刻打造一個更睿智，更聰慧的自己。

用智慧的酸性，軟化固化的思維

曾經看過這樣一個故事：

有一位老法師，因為年事已高想將自己的位子傳給一個得道聰慧的弟子，於是他對手下的三個弟子進行了一個平等的考試，考試的方法是，每一個徒弟給一枚銀元，讓它們到市面上去找，看看什麼東西能最沒有空檔的填滿禪房。

聽到老師考試的題目，三個徒弟紛紛下山尋找這樣東西。第一個徒弟用銀元買了好幾捆乾柴，說要用它填滿禪房，老法師看了，無奈的搖搖頭。而第二個徒弟買來了蠟燭，黑夜的時候，用火點燃，禪房頓時被暖暖的燭光填滿，老法師看了很高興，頻頻點頭。第三個徒弟回來，兩手空空，什麼也沒買，轉手把銀元還給了老法師，他引著大家拉開窗，此時夜已深沉，一輪明月爬上天空，這時徒弟笑著對法師說：「師父，您讓徒弟買的東西來了。」只見明月之光淡淡平和的從窗邊映照進禪房，頓時充盈了整個屋子。這時老法師無比喜悅，將自己的位子傳給了第三個徒弟。

生活中很多人都有思維固化的毛病，覺得一件事只能這麼辦，卻忘記了一個問題其實有很多種玩法，固化的思維就好像是頭腦被鈣化，總是會認準死理一根筋的走下去，結果越往前走，越是死衚衕，但是假如這個時候我們可以讓自己平靜下來，用智慧的酸性去中和思維的固化，讓大腦中的鈣化溶解，就會發現原來世界可以這麼好玩。

曾經有個年輕人很想向自己的女朋友表達自己的愛，這一天他細心的照顧她，而且還在她桌子旁邊放了一杯檸檬水。可這個時候的女孩子因為工作不順心心情不好，就轉過頭對他說：「你怎麼回事啊？不知道我不喜歡喝檸檬水嗎？你一點都不了解我。」聽了這話，年輕人很生氣也很難過，覺得女孩一點都不尊重自己。於是兩人就因為這麼一杯水吵翻了。

之後，男孩氣哼哼的找到我，告訴我他如何無法忍受女朋友這樣對待自己，自己為她做了那麼多，她卻一點反應都沒有。我聽了笑笑對他說：「其實本來後面你還可以上演一齣好戲逗她笑，結果你彎沒轉過來，這場好戲就錯過了。」

男孩這麼一聽，奇怪的問：「怎麼錯過了？什麼意思？我錯過了什麼？」

我看著他一臉迷惑的雙眼對他說：「年輕人，表達愛的方法有很多種，為什麼一杯檸檬水只能用來喝呢？如果女朋友說不想喝，你可以這麼辦，相信她一定會被你逗樂的。你可以對她說：『既然不想喝，那我就用它幫你打掃環境吧，把你的桌子變成清香的檸檬味，把地板也擦成清新的檸檬味，讓你的房間裡充滿了我的愛，不管怎樣我對你感情怎麼趕都趕不出去。它們蒸發成新鮮空氣以後，你還會把它吸進肺裡。』假如你能這麼說，我猜想十個女孩有九個半都拒絕不了這份浪漫。」

聽了我的建議，男孩子靦腆的微笑起來說：「誰能腦袋轉那麼快啊！不過您說得挺對，當初要是腦袋多轉幾圈，肯定不至於這樣，我的大腦啊，真的要鈣化了。」

聽了他這麼說，我認真的說：「很多時候遇到問題，不要太著急，多給自己幾分鐘思考，不要動不動就脾氣發作，越是心情不好的時候，越不要隨便說話，永遠讓自己保持高度理智，到時候靈感自然會顯現，不管做起什麼事情來都能靈動輕快，充滿活力。」

男孩點點頭，若有所思的離開了。

曾經有個名人說：「世上本沒有難事，難事都是因為我們沒有找到行之有效的方法。」這個世界上沒有解決不了的問題，很多時候是因為我們自己禁錮了自己的思想。或許有些時候我們自己都想像不到自己的思想究竟鈣化到一個什麼程度，明明很簡單就能得到幸福，自己卻為了尋找它繞了一條很遠的彎路。最終幸福就在眼前，卻怎麼也看不到它，然後還會對著眼前的幸福苦苦的問：「幸福在哪裡？幸福把我丟了嗎？」這樣下來，誰還能有什麼辦法呢？

有智慧的人不會從把自己深陷在死衚衕裡，即便是再大的事情，他們也能讓自己泰然處之，因為他們知道，一切無非是一種境界，境界過了，一切都會歸於平靜，只要自己頭腦不被禁錮，總是能夠想出很多的好主意，想要讓不快樂的一切過去，最重要的是改變自己的心，自己對事物的認知改變了，境界也會跟著改變，這時候智慧就會從靈魂深處生出來，照亮我們的整個生命。在我看來，智慧就猶如留存在我們生命寶庫中的一劑不可多得的胺基酸營養，它可以進入我們的靈魂豐盈它，滋養它，同時也可以有效的進入我們的思想，讓每一條鈣化的神經重新恢復活力。這一切完美的運作都源於我們自己對生命、對於外界事物眼光的改變。角度改變了，世界就會跟著變，而此時思維的活躍會讓我們面對生活的時候更有信心。

這個世界是多元的，之所以每天會有那麼多奇蹟發生，主要都來源於這個世界無數頭腦天才的智慧力和創造力，他們在自己的境界裡，找到了無限的樂趣。而假如我們能把這樣的心靈境界持久保持下去，就會發現，其實世界上本來是沒有煩惱的，人之所以痛苦是因為思想的鈣化，只要我們能轉念將靈動的智慧常駐內心，不論生命中經歷怎樣的境遇，我們都可以從中找到歡樂，並從中賦予它無上的意義。

適當的時候，跟身體說說悄悄話吧

就體驗而言，真實的感受不僅僅存續在我們的思想的層面，反應更強烈的地方在於我們的身體，每當我們情緒氾濫的時候，身體就會首當其衝的發出諸多的訊號，不論是恐懼、興奮、失落，還是快樂，不同的情緒，不同的場景，我們身體的感受都是各有不同的。我們的身體靈動的連結著我們的大腦，最終傳遞給我們真實的感受和判斷，一切的流程看起來都是那麼的順理成章，而身體自帶的語言，也在不斷的重複中，形成了很多固有的程序，想要有所蛻變，我們就要深刻的去感受它，體驗它，與自己的身體適時的說說悄悄話，這時候你會發現，當這些資訊傳遞到我們周身的時候，所帶來的能量著實令人驚嘆，我們就在這種能量的流動中逐漸強大，宛如喚醒了沉睡的潛能，它讓我們精力充沛，讓我們行動迅速，讓我們事半功倍，心想事成，我們身體這個工具就是如此的神奇，倘若能夠利用好它，就等於領受了上天的福祉，我們可以不斷的運用自己的每一個部位去求得幸福，一切的財富都存續在我們自己的世界裡，關鍵看手裡的這把好牌應該如何的打出去。

就身體而言，每個人都相差無幾，我們的思想意識會帶動我們的身體形成感受，而這種感受對於每一個人來說都是處理事情的第一份參考資料。我們靈魂中古老的身分會透過我們身體的感受做出固有的判斷，是心生好感，是提高警覺，不用過多的語言，我們的身體自然會感受到外界氣場的變化，分析自身內在的感受。於此同時最能夠造成我們身體感受的就是我們的情緒，它透過我們遇見的事情，接收到的欣喜瞬間，諸如我們身體，形成一系列的感受，不可否認，這些感受未必都是我們想經歷的，但每到它來的時候，我們很多人都是一幅措手不及的樣子，極端的反應，極度的沮喪，過分的緊張，讓我們的身體能量瞬間下降，手腳冰涼、身體顫抖、大腦一片空白，這些反應都不是什麼令人快樂的感受，那麼倘若想要有效的處理這一切，又可以找到哪些行之有效的方法呢？

人的生命本身就是一個奇蹟，我們的大腦存在著潛意識的調控工具，倘若給自己片刻安寧的話，我們就可以利用自己的潛意識控制身體的每一個部位讓那些不好的感受漸漸消逝。我們可以保持微笑，和藹可親的去照顧自己身體上的感受，與它適時的說說悄悄話。比如：「嘿！老朋友，我知道你現在不好受，人生有時候就是為這些不好受的事情來的，現在讓我來照顧你，你很安全，讓一切都過去吧。」隨後做一個深呼吸，用心的去洞察身體上的感受，如果這種感受停滯在了身體的某一個部位，那就專注這個部位，然後悄悄的說：「倘若在這裡待著那麼的不好受，就讓我們換一個地方試試。」隨後我們可以下意識的將這種不怎麼樣的感受，由一個地方轉移到另一個地方，將那些有聲有色的痛苦畫面，在自己的視角裡變成黑白色，隨即努力的將這一切逐漸縮小，縮小到再也看不到的一個小點，然後輕鬆地呼吸一番告訴自己：「就這樣啦，不過如此。」

當然除了這一切以外，事情還沒有完，痛苦就已經在一點點地消逝，於此同時，我們必須將身體快樂的能量運作起來。此時我們可以對自己的身體說：「倘若已經不那麼難受了，就試圖做點有意思的事情吧！」於是乎，此時的你可以下意識的想像一副精神愉悅的畫面，它可以是自己的一個完美的展望，可以是與方才痛苦的一切毫不相干的事情。隨後你可以讓眼前的畫面變得越來越鮮活，越來越真實，越來越讓自己欣喜和興奮，我們可以用心的去想像一下，假如有一天自己欣然的得到了這一切，那將是怎樣一種幸福的感受，倘若這種感受讓你覺得相當的快樂，那就將它的力量不斷延展，重複的注入到你的全身，然後對它說：「嘿！現在的感覺如何，是不是太棒了，讓我們抓緊時間活在這種幸福的狀態裡吧。」

看了上面的方法，或許有人會質疑，就這麼簡單，真的可以行之有效的化解不良情緒嗎？其實從心理學的角度來說，化解一種痛苦是很簡單的一件事。我們可以直接利用我們的意識與身體進行連線對話，讓自己的意識幫助我們在身體語言中重新建立程序。所謂的負面感受，並不代表一籮筐的挫敗感，只能說當下自己在體驗一種「挫折」，而這一切在我們的世界中不過是一種再平常不過的行為而已。倘若願意，我們隨時都可以調整自己的感受，將它移動到身體任何一個部位，並按照自己的意願讓這一切在我們的身體中發揮正面的作用。正所謂，我的地盤我做主，身體是靈魂的住所，也是我們可以運用的工具，掌握了說悄悄話的技巧，我們就可以讓它更好的為自己服務，每天都在正念幸福的體驗中，也就少了諸多不必要的苦悶和困擾。

所以，在這裡我想說的是，我們每個人都有屬於自己的個人自由，我們的內心世界很開闊，我們有掌控自己想法的自由，也有把握自己身體的自由，關鍵就要看我們怎樣經營自己，建設好身心世界這個專屬於自己的國家。身體需要我們的愛語，需要我們的關照，需要我們用更溫柔智慧的聲音去與它交流，體驗它的需要，寬慰它的感受，只有這樣才能使我們的身心更加和諧，能量不斷流動，不要說身體是機械化的，去用心了解它的語言，適時的與它說說悄悄話，你一定會有更多驚喜的發現。

第五章
有限時間多重活法，怎捨如此度人生

人生有限的春秋，
紛繁複雜間撩動的心絃，
是誰唱著重來一夢的新曲，
是誰執著於選擇路上的專情，
別再於重複中擾動心情，
看看自我去了哪裡？努力把他找回來。

別把什麼事情都跟自己扯上關係

「都是我不好，如果我不是只為了我自己，他就不會那麼傷心了」、「他是很在意我的，是我讓他失望了」、「這次是我的原因，我應該承擔一切責任，但是要是我不這樣，他就不會被老闆批評了」現實生活中我們是不是常常在心底會有這樣的糾結和自責呢？但凡是身邊出現了點什麼事，我們首先想到的就是是不是問題出在自己身上，這件事可能是與自己的某個舉動有關係的，於是別人還沒有有所反應，自己的心裡卻開始緊張起來，覺得自己對不起這個對不起那個，覺得都是自己的錯，瞬間壓力感爆棚，內心焦慮，宛如眼下的自己已經成為了一個罪人。

其實在我看來，人還是不要把自己想得那麼重要，這個世界上的很多事情，有我們沒我們該發生的時候照樣會發生，每天有太多的事情在四處尋覓追討責任，難不成我們還要將一切都背在自己身上？那種感受除了沉重以外對事情的解決也是於事無補，想要擁有良好的人生狀態，首先要學會一件事情，就是不要總將什麼事情都跟自己扯上關係，老百姓有句話說得好：「當一天和尚撞一天鐘」只要做好了自己的分內事，就不要過分的將眼睛向外看，即便外面已經兵荒馬亂，打成一片，在當下的我們依然抱有著寧靜安樂的好時節。人生短暫，不要過分的被不相干的事勒索，我們要活出自己的真性情，就不要過分在意外界的影響，畢竟別人的事不是自己的事，自己的事才是自己的事，分清別人的事、自己的事和老天爺的事，是生活在這個世界上首當其衝要明白的真理。

然而現實生活中的人們就是這樣看不開，每天從早上起來便開始了滿心的糾結，結果忙來忙去，忙的都不是自己的事，操心來操心去，操心的都是老天爺的事，最終一身疲憊，卻連一聲謝謝都沒得到，空懷了一腔熱心，卻把自己貼到了不該貼的地方。這樣的人不能不說很善良，但同時也是最容易被人利用，最容易被不必要的事情勒索的對象。

前段時間工作室就來了一個小女孩，她一臉委屈的說：「玲玲姐，快幫幫我吧，不知道為什麼我總是做錯事，總是給別人找麻煩，總之我在哪裡麻煩就在哪裡，我覺得我是一個給別人送來不幸的人，我很想遠離當下的一切，可是心裡卻異常的委屈，我真的想把每一件事情都做好，我真的想給別人帶來快樂，我真的努力了，可是最後每當看到別人皺起的眉頭，心裡就會莫名的緊張，我真的很想幫助別人，但是我每次都幫不到點上。」

聽了這話，我一頭霧水，但看到她委屈的樣子，心想這女孩一定有很多難言的故事要講給我聽，便繼續引著她說說自己的情況：

女孩跟我說她非常在意別人對她的評價，剛剛工作的她很想跟同事們有好關係，所以不管同事要自己做什麼，自己都極力的去滿足大家。於是她成為了辦公室裡最忙的一個，每天早上提著十幾份早餐衝進辦公室，然後便開始打掃環境，隨後便開始忙裡忙外的處理工作上的事情。

一次身邊的同事小王讓她幫自己做一個評估表格，儘管自己手頭的事情還沒完成，但為了不影響同事之間的關係，她還是硬接了下來，結果表格做出來了，卻存在問題，害得小王在老闆面前挨罵。這一罵不要緊，搞得女孩先是一陣陣的緊張，她身體顫抖，臉紅一陣白一陣，比自己挨了罵都難受。看著小王哭喪著臉坐在位子上一句話也不說。這個女孩覺得一切都是自己的錯，她想向小王道歉，卻沒有勇氣，於是自己也跟著憂鬱起來。從那以後，每次看見小王的時候，自己都低著頭不敢直視，總覺得自己對不起她，此時的她敏感的發覺，辦公室的其他同事也不像以前那樣什麼都讓她幫忙了，這讓她更一步的陷入到恐慌之中。

女孩哭喪著臉，一把鼻涕一把淚的說：「都是我的錯，是我害了小王，都是因為我做錯了事，辦公室的同事才會對我越來越冷漠的。我該怎麼辦，怎麼辦呢？」

聽完了她的故事，我試圖平息她的苦悶，安靜的對她說：「那你覺得根本原因在於什麼呢？」「當然是我沒用啊，都是我的錯。」女孩答道。

「那你有沒有想過什麼事情才是最需要你承擔的呢？」我又問道。

「當然是工作啊。」

「那也就是說，你的工作對你而言才是最重要的，對嗎？」

「應該是這樣的。」

「但是你現在管的是小王的工作，這一切本該由小王負責，也就是說小王的工作對小王來說才是最重要的，對嗎？」

「嗯，應該是這樣的。」

「那你有什麼好糾結的呢？小王的事情，辦公室其他同事的事情，都是他們自己的事情，他們自己的事情出了問題，本該由他們自己負責，你又為什麼杞人憂天的把一切都承攬在自己的頭上呢？」

「因為……因為……」

「親愛的你現在的問題在於你的壓力是莫名的，你沒有分清楚哪些是你的事情，哪些是別人的事情，以至於你總是要把別人的事情跟自己扯上關係，結果自己的思緒越來越亂，操心半天都是一些與自己沒有關係的事情。所以，認清你的分內事是什麼吧，把它做好，做漂亮就可以了，一天的工作已經夠辛苦的，為什麼還要擠出時間去操別人的心？別人自當操他們自己的心啊！」

聽了我的話，女孩頓時輕鬆了很多。

這個世界上每天都在發生著很多事情，之所以當下這個時代有人思想混亂，就是因為他們接受了太多沒有必要的資訊，在他們看來，這些資訊似乎跟自己是有關的，但只要細緻的想一想，就會發現其中的很大一部分都跟自己毫無關連。我們理所當然的會把很多事情跟自己扯上關係，覺得是自己的問題，覺得是自己沒有處理好，可事實卻是，對這件事真正要負責任的人而言，我們真的並沒有那麼重要。之所以無形的被外界勒索，還是因為我們沒有切實的看清自己，分清主次，倘若真的可以給自己幾分鐘思考一下，看看什麼才是自己真正該操心的事，壓力就會瞬間降低大半，很多的困擾糾結也就在明瞭的那一刻迎刃而解了。

有多少夢可以重來

一次夜間晚睡，獨自跑到酒吧去聽歌，喝著加冰的威士忌，耳邊傳來了歌手憂傷的曲調：「有多少愛可以重來，有多少人值得等待，當愛情已經桑田滄海，是否還有勇氣去愛……」這個世界上最難做到的事情就是重新來過，即便是有這樣的機會，重新來過時候的心境已經和往昔大不相同，即便是再高級的心理學專家也很難幫你調整過來，在我們的心裡存續著很多對於過去的記憶，那裡有美好的、憂傷的、痛苦的、歡笑的，一切的一切時不時就像看電影一樣從我們的記憶中劃過，一個不經意就把我們帶到了過去，於是心中暗想，假如一切的舊夢都可以重來，假如這個世界上真的有時光機，自己又將以怎樣的狀態面對人生呢？

是啊，這個世界上有太多我們錯過的事、錯過的人，剛剛還近在眼前，轉個彎就不見了蹤影，即便你失控的狂吼：「你回來呀，回來！」你所渴望的那個轉身卻遲遲沒有到來，或許這也是命運的一種安排，它用這種方法教會了你很多事情，讓你學會珍惜，讓你把握當下，讓你知道這個世界上沒有什麼東西是不能離開你的，你沒有那麼的重要，如同你腦海裡的夢，倘若你不經意的放下，也不要再奢望它有多麼重要。

曾經有這樣一個朋友來到我的工作室，他說他求助的目的是自己終日為自己所失去的東西而悲戚，甚至對生活產生了絕望，他說他丟了心愛的女孩，以至於再也沒有勇氣面對婚姻。看到他如此沮喪，我遞上一杯水，表示願意傾聽他的故事。

此時的他深吸了一口氣，閉上眼睛宛如回到了過去，他說他與那個女孩是大學的時候認識的，那時候女孩很喜歡他，很想和他在一起，但是由於自己家庭條件不夠好的自卑感，他總覺得自己無法給予這個女孩什麼，於是轉過身對女孩說，再給我幾年，給我幾年混出個人樣來，我一定回來娶你。

就這樣，大學的時光匆匆而逝，兩個人各自為找工作而奔忙，起初女孩一再追問他願不願意和自己在一起，他每次都說：「你再等我一段時間，等我成功了，我一定來找你。」於是他將自己的精力全身心的投入到自己的事業當中，業績因為他的努力蒸蒸日上，可女孩給他打電話的次數卻越來越少，最後沒有了音信。

直到有一天，他在繁華的都市有了自己的車和房子，他覺得自己有十足把握給女孩幸福的時候，買了漂亮的玫瑰花，站在她家樓下，卻發現女孩已經是一個孩子的母親，她已經結婚了，建立了自己的家庭，再也不可能和他在一起了。

看到這樣的場景，他愣住了，渾身戰慄，不想去接受這個現實，他走過去問：「我說過讓你等我，你為什麼不信守約定？現在我擁有了可以給你帶來幸福的一切，可你現在已然不再是以前的你了。」

女孩聽了安靜的看著他說：「等待是這個世界上最痛苦的消磨，我等了你很久，最終悟透了一個道理，你所說的一切不過是一個夢，為夢而等待實在是太空洞了，我是活在真實生活中的人，我不能總為你的夢付出代價，當然現在你實現了你的夢，我祝福你，但你難道不覺得這樣的機率太低了嗎？倘若你的夢想遲遲沒有到來，我又該怎麼辦？我的青春有限，時間也有限，我需要一份安穩的愛情，我不想在活在童話故事裡了，所以我只能說，真的很抱歉。」

聽了女孩的話，男孩覺得整個天都要塌下來了，在無數的日日夜夜裡，每當他被現實打的疲憊不堪的時候，他總是一次次的重複著自己和女孩一起度過的美好時光，他希望這一切能夠照進現實，而這一切幾乎成為了他全部的鬥志和勇氣，可現在，兩個人已經沒有了任何希望。倘若時光可以重來，他想即便是錯過了自己事業的發展，也絕對不可以錯過自己最心愛的人。

聽了他的故事，我陷入了沉默，內心久久難以平靜，正如詩中說的：「多情自古傷離別，更那堪冷落清秋節……」世間最痛苦的離別，莫過於在希望破滅中的離別，不再會有開始，只能眼睜睜的看到一切畫上一個句號。而此時我們唯一能做的，就是說服自己接受現實，著眼於新的開始，我試圖去告訴這位先生，不管他相不相信緣分的存在，人生中所有的相遇都是一種分分合合的過程，每一個我們遇到的人，都是為了在恰當的時候教會一些事情，倘若眼下我們接受的只有分別，那麼在下一段情感旅程中，一定要給自己一個美好的開始，因為我們已經明白，沒有什麼人，什麼事情，什麼機遇會一直站在那裡等著我們，會一直為我們在那裡守候，倘若覺得重要，就要緊緊的把握，不要奢望一切可以按照自己的安排重新來過，這些所謂的重新來過，不過是存續在我們失落角落中的慰籍，倘若你不想用這種慰籍來使自己傷痛，那就著眼於每個當下，讓心中的嚮往即刻定格，及時兌現，這樣才是真正最對得起自己的行為啊！

這輩子，你在為哪條路專情？

夏蟲為樹上綠色的葉子專情，魚群為碧波盪漾的流水專情，青草為養育它的大地專情，蜜蜂為盛開的花朵專情，而生而為人的我們，每一天又都在為什麼事情而專情呢？這或許並不是一條平直寬廣的路，卻可以讓我們忘記自我，走得津津有味，它牽引著我們的思緒，激發著我們的熱忱，宛如此生就是因它而來，唯有它的存在，才能讓我們有機會一路前行，找到最真實的自己。

曾經聽過這樣一個故事：

法國知名作家莫泊桑（Guy de Maupassant）小時候活潑好動，有一次他遇到了著名作家福樓拜（Gustave Flaubert），莫泊桑很自豪的對福樓拜說：「您知道嗎，我的每一天安排的都特別的豐富，我上午用兩個小時來進行讀書寫作，然後就進入後續兩個小時的鋼琴練習，下午我會花費至少一個小時和鄰居一起學習怎麼修汽車，之後我會和幾個小夥伴在一起踢上三個小時的球，到了晚上，我就會去一家燒烤店，跟著師傅一起學習燒烤。而到了週末我的生活就更豐富了，那個時候我跑到鄉下，和農民叔叔一起種菜。您覺得怎麼樣？」福樓拜聽後微微一笑說：「其實我的生活也很豐富，我每天上午用至少四個小時來讀書寫作，下午用至少四個小時來讀書寫作，到了晚上，我還會用至少四個小時來讀書寫作。」

聽福樓拜這麼一說，小莫泊桑先是一愣，他打量著面前這個生活單調的怪作家問：「那麼，你的特長是什麼呢？」福樓拜攤開兩手，淡定的回道：「寫作啊。」這時莫泊桑靈光一閃，瞬間開悟了：「原來所謂的特長便就是專注地做好一件事情啊。」從那以後，莫泊桑放棄了他所有的其他愛好，一心拜福樓拜為師，和他一樣一心專注寫作讀書，最終也成為了世界聞名的大作家。

這個世界色彩斑斕，充斥著無限的可能和誘惑，或許在起初我們的想法很簡單，也很容易實現，卻在不經意的路口，遇到了一個漂亮的指向標，從此你邁開的每一步都距離之前的自己越來越遙遠，我們總覺得這條路是最好的，卻沒想到不知道什麼時候，又在中途轉了彎。

曾經有一位禪師說：「心想事成其實不是神話，宇宙能量的流動，需要我們靜下心來去專注的等待，一切的兌現都需要時間，當我們的意念與宇宙能量產生對接的時候，你所渴望的事情，已經開始一步步的向前推進，只可惜很多人不明白這個道理，眼看著一切馬上就要進入自己的世界，自己已經在中途拐到別的地方去了。」

綿綿是一個快要三十的女孩子，目前的她是一個自由職業者，租住在一個五坪的套房裡，單身一人。初次看到她的時候，就被她身上的書香氣質所感染，斯文的眼鏡，整齊的長髮，簡直就是一個富有文青風的大齡文藝女青年。

於是我們坐下來一起聊天，她向我道出了自己的苦惱：「玲玲姐，說實話，我一路走到現在真的很不容易，當時的我月薪只有五千多塊錢，交了房租以後真的連吃飯的錢都不夠。後來自己一直努力的鑽研寫作和編輯，薪水才一點點的漲了上來。您知道我真不是那種不努力的人，我努力的讓自己的文字富有感染力，我不斷的嘗試各種題材的寫作，努力的把自己培養成寫作多面手，努力的讓自己成為一流的作家。之後新媒體誕生了，我又努力的對這個產業進行學習，熟悉官方帳號的營運和寫作，再後來我又接觸到了劇作產業，在無數的劇本書籍中穿行，可雖然自己的薪水上去了，但內心卻越來越陷入苦惱。我不知道自己為什麼總是不能從幕後走到臺前，曾經跟我一起出來的幾個不錯的同事，如今都已經在不同的文壇領域小有名氣，有了自己可觀的粉絲群，而我卻還在這裡瞎混。每次想到這裡我就好像被什麼東西卡住了，好像眼前的世界頓時渺茫起來，看不到希望，也看不到未來。您說我到底應該怎麼辦呢？」

我聽了她的話，故作嚴肅的說：「你啊，就是沒有搞清楚自己應該為什麼而專情。」

聽了這話綿綿忽閃著大眼睛說：「哪有？我始終都在為文字專情啊！」

我搖搖頭，把雙手抱在胸前說：「文字也有分門別類，世界上那麼多種類型的文章，都是由文字組成的，小說是文字，散文是文字，劇本是文字，新聞稿也是文字，廣告需要文字，產品解說需要文字，簡單的通知也是文字，當然啦，還有很多……我就是搞不清楚，你在心裡真正專情的是哪一類文字呢？如果你真的想讓自己的未來不空洞，那就要找到自己最為專情的那一部分，努力的用心挖掘，深入的領會思考。從你的講述中我看到的是一個面面俱到的綿綿，每一種都覺得好玩，每一種都想嘗試，每一種都略知一二，但每一種都做不到技藝精湛。你與你那些混得不錯的同事的主要差距啊，就在於你的文字目標太過於分散了。人家選準了一個領域就在那裡玩命的深挖，而你卻東一榔頭西一棒子的左邊搗鼓兩下右邊搗鼓兩下。老人有句話講得好：『半年挖十個坑，不如十年挖一個井啊！』你現在的坑挖的太多，但哪一個都不出水，你說時間長了還能有動力嗎？」

即便這個世界美輪美奐，即便這個世界真真假假，即便這個世界因為無限可能超乎我們的想像，對於我而言，人生最美好的時光就是在夢想的懷抱專情的活著。每個人都可以實現自己的夢想，只不過太多的人沒有秉持初心，他們漸漸對自己的嚮往失去了耐心，卻不知道只要再堅持一下，那口挖了很深的井就要出水了。這個世界有太多的事情可以讓我們選擇放下，但唯獨夢想本來就等同於自己的生命，我們不要再在諸多的選擇和充滿誘惑的路口前徘徊了，更不要用這種發散式的淩亂抹殺自己的專注，人生的時光有限，把它用來做自己最重要最喜歡的事情吧，至少在最終回眸的一刻我們仍能保持微笑，歲月不饒人，因為你的專情，也從未饒過歲月。

別說：「本來可以更好！」

經歷了一次精彩的演出，我覺得整個場景實在棒極了，當我轉身向演出的總導演祝賀的時候，他卻一點都不開心，這讓我大為不解，明明很成功的演出，他為什麼一點微笑的表情都沒有呢，於是我下意識的問到底哪裡出了問題，他只是輕描淡寫的說：「本來可以更好！」沒錯，有很多成功人士都有這個毛病，儘管他們已經將自己發揮到了極致，卻仍然對自己毫不滿意，他們的口頭禪就是：「本來可以更好。」他們希望將自己最好的一面展現給別人，但最好究竟是什麼樣子，誰也說不清楚，「本來可以更好」冥冥之中帶有著一種強迫的韻味，這種強迫讓人發揮到極致也感受不到喜悅，深陷在另一種苦惱中，不知道究竟應該如何解決這個問題。

這個世界上究竟什麼叫做成功？有人說每當自己有很多錢的時候，就覺得自己站在的成功人士的行列，但是現實卻是，我有很多經濟富足的客戶，他們每天都活在深度的焦慮和挫敗之中，他們覺得自己可以更好，可是總是達不到那種更好，於是在這種痛苦中反覆的糾結，找不到解決痛苦的方法，他們總覺得現實中的狀況與自己意念中想像的完美仍然存在差異，他們渴望追求的樣子，永遠走不進現實的狀態，這種強迫性的思維，迫使他們不斷的追求完美，同時又被這種內心的完美傷害著。他們對這種完美產生了深深的眷戀，眷戀導致渴望，渴望的越強烈，受到的傷害就越強烈。

在我服務過的對象中，有一個非常優秀的籃球運動員，他有很多的粉絲，大家給他的評論都很叫好：「說，哇賽，他投的三分姿勢棒極了。」可是每次比賽下來，他總是一副悶悶不樂的樣子，問及原因回應是：「這一切都不是我想要的，與我想像的差距太大，我本來可以更好。」於是時間長了以後，這個年輕人有了輕度憂鬱傾向，他經常因為在閉上眼睛以後，看到自己進球不夠完美的姿勢而睡不著，這樣的感受迫使他不斷的練習，不斷的練習，不斷的提升自己的技術，終於有一天因為體力不支，一個不小心傷到了左腳，以至於有很長時間都不能正常訓練。因為這個原因，他陷入了更深度的憂鬱當中，他有著各種擔心，內心浮躁不安，他害怕傷好之後，自己的技術會大不如前，自己的表現只能讓自己更加失望，他忍受不了這種不完美給自己帶來的失望，漸漸覺得，這種失望步入了真實的生活，慢慢的在身體裡延展，成為了一種負面絕望的情緒。他告訴我每當夜深人靜的時候，這種情緒就會引發他的不安，他會因為這種情緒莫名的陷入緊張，輾轉反側，無法入眠。他不知道應該怎麼辦，他只是覺得自己無法呼吸，那種強迫性的感受讓他深陷到更為絕望的狀態，就在那一刻，他覺得眼前灰濛濛的一片，感覺自己什麼都完了。

看到他如此失落的樣子，我不禁要去拍拍他的肩膀安慰他，但同時我覺得當即最重要的一件事就是讓他意識到當下的最好與可以更好之間應該怎樣進行成功的連結。於是我讓他閉上眼睛，觀想他投籃時最佳的狀態，每一個跳躍，每一個投舉，每一個細節，都做得無可挑剔，看著他陶醉的樣子，嘗試著讓他將這種美好的感受延展到當下，延展到生活的每一分每一秒，我告訴他：「你最完美的一刻就在當下，無論你現在在做什麼，這種美好的感受都會伴隨你。未來還沒有發生，但當下已經發生了，它要你更好的做你自己，只要你專注的走好當下的路，那麼當下的美好就會帶動未來的美好，當下的完美必將帶動下一刻的完美，想活出最出色的自己，沒必要因為可以做得更好而消沉，而是要在每一個當下付出自己百分之百的努力，你當下走的每一步都在告訴自己，未來的你將感謝享受每一個當下的自己，當下的自己儼然就是自己最棒的樣子。」

聽了我的話，年輕人頓時留下淚來，他說自己已經很久沒有真正意義上與自己好好相處了，他總是將目光放在更遙遠的未來，卻沒有花費更多的時間來照顧當下的自己，曾經的自己過去、當下和未來是彼此分離的，現在他終於知道如何更好的處理好自己與時間的關係。

其實在我們的現實生活中，很多人都會受到類似的困擾，我們總是對明天報以更好的展望，總覺得當下的自己不夠出色，與自己所渴求的樣子差得太遠，卻忘記當下的自己才是最容易被自己掌握的，即便我們可以做得更好，只要在每一個當下你都能保持百分之百的專注力，去認真的活好自己的每一分每一秒，你就會發現與自己舉例理想的自己越來越近了。的確每個人都可以做得更好，但這是一個爬梯的過程，我們沒有必要因為一個「本來可以更好」而挫傷我們自己，而是要下意識的改變自己對於人生的概念：「下一秒的自己，會比這一秒的自己還要出色！」這種出色不是本來可以更好，是冥冥之中要步入我們生活的美好，它是如此真實的存在著，是如此忠實的陪伴在我們的身邊，所以先把心安下來吧，去盡情享受這種越來越美好的過程，而不要因為「本來」二字困擾了自己，也不要因為「本來」而忘記了當下，忘記了那個最可以讓你走向超越的自己。

放棄了責任？你的本我何處安身？

在我的客戶群裡，有這樣一些人，一來就說自己是受害者，感覺自己的神經都快被這個世界撕裂了，他們總覺得是別人對不起自己，一切錯誤都在於別人，自己是那個被傷害的最深的人。可是細細想來，這個世界上所有的成因背後都別有洞天，倘若犯過他們所受傷害的一切，去打量背後的故事，就會發現真正應該擔負起責任的未必只有別人。

前段時間看了一個朋友在網路上的留言：

這已經是我第十七次想要離開這個城市，我已經因為它的存在深陷絕望，我真的已經不能在它的身上期許什麼，我在這裡打拚過，執著過，但它給我的回報卻是如此的渺茫，這種迷茫讓我恐懼，讓我感覺自己無處安身。於是我想，倘若自己可以改變時間，改變地點，改變語言，會不會生活就會好起來。倘若自己換一個工作環境，換一種生活方式，換一個自己愛的人，狀態會不會更好？倘若自己改變，倘若自己換掉了一切，那麼這個世界對於我來說，會不會道路更寬廣，我越來越覺得眼前的一切是我無法承擔的了，我感覺自己負不起責任，我到底應該怎麼辦？怎麼辦？

看了這則留言，顧名思義，言辭的背後一定藏匿著諸多心酸的故事，對於這個世界而言，不管是你，是我，都不可能吸納所有的眼球，成為最重要的那一分子，想離開，隨時可以，想留下來，或許結局也並沒有那麼糟糕，關鍵在於你是不是真的有勇氣承擔下一切，對自己負起百分之百的責任，倘若一個人沒有這個意識，即便是逃避的了一時，又能為自己換回什麼呢？

很多人都在現實中不斷的逃避著自己的責任，每當問題出現的時候，他們慣用的口頭禪是：「不是我，不是我的問題。」事實上，解決問題最現實的方式，就是先行負擔起自己百分之百的責任。人類降生到這個世界，隨著第一聲啼哭，雙手握拳的那一刻，使命已經無形的降臨在我們身上，我們遇到的每一個人，每一件事，經歷的每一個故事，內涵深處都關連著我們扯不開的使命和責任，與其說要專注的對待生活，不如說是認真的對待我們自己。

從佛學的角度來說，一個人種什麼因，就會得什麼果，每個人不管情願也好，不情願也好，都要對自己負起百分之百的責任，倘若可以無懼這種責任，便可以安享生活的每時每刻，倘若總是退位，便會深陷在無止境的痛苦中，說不定還會因為慌亂造成更嚴重的困境。這看起來是一種很公平的狀態，人來到這個世界上，使命沒有完成就不會離開，承擔我們所應承擔的，經歷我們所該經歷的，就是我們整個人生的全部。

然而責任對很多人而言，只要一提到就會感覺呼吸急促，喘不上氣來，以至於最後留著齊刷刷的兩行淚，哭訴道：「我受不了了，真的受不了了。」但就我而言，很多事情並沒有我們想像中的那麼糟糕，糟糕的感覺不過是一種感受，透過糟糕的狀態，我們說不定會看到一個全新的自己，他可以很好的應付眼前所有的一切，想出很多不錯的點子，然後不慌不忙的處理好眼下所恐懼的所有事情，他會對眼前的一切百分之百的接納，擁有沉著應對的勇氣。關鍵就在於，我們有沒有真正的發現他，有沒有全然的接納自己的一切，有沒有這個能量，輕快的呼吸，然後告訴自己：「沒什麼，一切該來了的，總會好好的去的。」

曾經有一個女孩就經歷過類似的挫敗，她的方案被老闆駁回了十多次，而且對方的脾氣一次比一次暴躁，甚至已經說出了：「你怎麼那麼笨，是個人都要比你出色」之類的話。面對這一番的奚落，女孩頓時負能量爆棚，每一次修改都緊張得不得了，而每一次得到的結果也同樣讓她膽顫心驚。於是她開始失眠，開始覺得自己一無是處，她意識到自己可能在心理上出現了問題，於是特別找到了我，想透過心理干預的方式幫她指點迷津。

聽了她內心的酸楚，我真心的表示理解，但於此同時，我想我最該做的是幫助她快一些遠離這種受害者的陰霾。於是我握住她的手說：「在這個世界生活，每個人都會有自己不同的經歷，不同的故事，遭遇痛苦的時間，遠遠比享受快樂的時候來得深刻，但這並不意味著我們要將自己的全部責任都推卸給痛苦，而要用心的察覺自己的感受究竟是因為哪些問題而來。當我們察覺到問題的根本所在，就要努力嘗試著先對自己負起百分之百的責任，拿出接納一切的勇氣，將自己所該承擔的一切承擔下來。這種承擔並不是無限量的，相反你越是有勇氣承擔，內心就越會因為自己的冷靜而看到希望。你不會再把自己過分的專注力放在恐懼和受傷上，相反你的腦筋會轉移到另外一個方向，比如說怎麼才能更好的解決當下的問題，你的大腦開始自然而然的形成另一種邏輯框架，那就是在接受現實以後，最為暢快的思維模式，這時候或許你會發現，當下的一切雖然給自己帶來了負面的感受，但就整個事情而言並沒有那麼糟糕，一切都還有迴旋的餘地，想要讓自己把事情做的更好，並不是一件不可能的事情，只需要我們能夠將心安定下來，用心的做好自己一件件的事情，不用去對自己評判什麼，也沒必要負擔那麼大的壓力，因為接受了所接受的一切，所以才有能力讓當下的自己變得更好。因為完全的對自己負起了責任，所以才會有更強大的內心去面對後續的挑戰。所以親愛的，振作起來吧，給下一秒的自己一個燦爛的微笑，一切不過如此而已，有什麼不能接受，又有什麼讓自己恐懼的呢？」

人生在世不如意的事情十有八九，但這種不如意往往是建立在我們客觀的概念之上的，我們總是在失意來敲門的時候，沒有做好十足的準備，只是想著一味的把事情往外推，一邊推還要一邊捂住眼睛說：「不要來找我，不要來找我。」可是該來的終歸總是要來的，與其逃避，不如勇敢的去接受它，對自己所要承擔的一切，會有一個充分的認識。而當我們真正拿出勇氣承擔下所應承擔的一切時，那些因為害怕而帶來的不適感就會漸漸消失，隨之而來的是一種無比輕鬆的感受。我們終於找到了自己心靈的安居之所，不再困惑也不再憂傷。

其實，所謂的問題全是紙老虎，它的出現讓我們學到了冷靜，當所有的一切都獲得了理智的對待，你會發現自己本該在人生的長河中活得如此暢快，那裡不再有逃避，不再有畏懼，相反多了很多意外的驚喜和情趣，而這才是真實的生活，才是最值得我們去用心體會的啊！

第六章
一邊有所行動，一邊認識自己

時代賦予的節奏，實踐步調中的堅定。
誰說行動者打不開巨人的臂膀，
A 與 B 中間的選擇，
究竟哪個才是最佳答案？
當陽光折射進寬敞的工作間，
當下要做的事，只有將夢想照進現實。

本來我就是行動的巨人

有沒有過類似的經歷，一件事想得好好的，也做了周密的計畫，結果突然不知道因為什麼原因，在中途就轉了彎，我們經常在一路走來的過程中被各式各樣的事情所吸引，以至於停滯下自己的腳步。或許當時的我們只是想，不過是停一會而已，不會影響太長時間，誰料想，時間的車輪卻在這一個又一個「停一會的」過程中將我們原有的計畫一再擱置。最終拖著拖著，我們身上背負的慾望越來越多，拖著拖著我們便忘記了起初自己原有的初衷，最終本來計劃的一切就這樣不了了之了。

其實人的一生始終與天使和魔鬼相伴，天使會幫你做好一切成功的計畫，而魔鬼則會運用你生命中各式各樣的慾望去拖延你，影響你，最終讓你自願或不自願的選擇放棄。每當看到自己的計畫失敗，我們的意志就會因此而消沉，強大的挫敗感會讓我們覺得自己做不好任何事情。我們會感慨理想太豐滿，現實太骨感，我們不得不承認自己是思想的巨人，行動的矮子，然後自嘲的一笑：「就這樣過去了，好吧，就這樣過去了。」

這個世界平均每秒鐘都會萌生上億個不錯的點子，但捕捉到這些點子的人卻很少有人意識到自己有必要將這一切落入現實，即便是有這個打算，當自己一步步的去構想步驟的時候，各種抓狂的情緒就會應運而生。

曾經就有一個朋友說：「玲玲你知道嗎？我們創業孵化公司經常會遇

到一件非常頭痛的事情，那就是當好點子萌生出來的時候，你會覺得它簡直棒極了，但是等到落入細則，開始詳細的劃分步驟落實到系統的計劃書時，大家就會集體崩潰，覺得想把這件事做成實在是太難了。那時候各種『不可能』的聲音都會來打擊你，讓你放棄，即便是你不想放棄，支持你內心活力的點子也會因為找不到方法而一個個的隕滅，那種感覺實在太痛苦了。你說現實中的人是不是也是如此，很多事情忙和了半天，卻發現與當初自己的想法背道而馳，好點子怎麼死的，就是在計劃中一步步計劃死的啊。」

我聽了她的話，不覺笑笑說：「朋友，你聽過兩個和尚的故事嗎？有一個窮和尚一個富和尚，都想去西方取經，富和尚周密安排了很久，都沒能去成，窮和尚只用一個吃飯的缽和一個喝水的瓶子就把經取回來了。這說明什麼？想成功除了周密計畫以外，更重要的是張開嘴，邁開腿的行動，只要想做到，天地宇宙的能量就會不斷帶動你去實現一切，一步步的安排恐怕比你自己的計畫更為嚴密周全，倘若這時候，人動不動就被自己的計畫嚇死了，那老天爺帶你成功的步驟不也跟著白廢了嗎？聖經中都說，不要為自己的明天憂慮，明天自有明天的憂慮，一天的辛勞已經很不容易了，其實想成功只要著眼於當下，兵來將擋水來土掩，想不出辦法，就等到問題出現的時候再去想辦法。馬克・吐溫（Mark Twain）都說過，他這輩子經歷過很多不幸的事情，但幸運的是有百分之九十的事情都是他自己想出來了的，痛苦了半天，事情根本就沒發生，人啊，十有八九的痛苦都是從這裡來的。」

現實生活中的很多朋友都是這樣，越是覺得自己的點子好，越是希望把事情想的全面些，恨不得每一個細節，乃至精準到每一個動作，但等到切實的去實施的時候，卻發現真正自己遇到的問題跟自己當初想像的完全不一樣。這時候很多人就慌了手腳，覺得自己一點心理準備都沒有，而真正的事實卻是，老天爺在考驗你的行動力，這才是你展現才華的最佳時機。

人是為問題而生的，我們的一生可能要經歷成百上千的問題，只要用理智思考一下，就會得出結論，倘若我們將全部的經歷投入到已出現的問題上，而不去過多的在意那些所謂的「可能」或許心理的壓力就會因此而減少大半。之所以很多人在生活工作中憂心忡忡，正是被那些所謂的「可能」、「萬一」把自己給套牢了，想來想去，還是跳不出思維的矮牆，我們覺得自己已經竭盡全力，卻不知道真正聰明的人早已經開始找梯子翻牆了。

曾經有一位總裁的朋友說過這麼一句話，我覺得相當精闢：「這個世界上沒有如果，只有結果，而我最看重的就是這個結果。」古語有云，條條大路通羅馬，只要你想做，按耐住心神全力採取行動去做，所有的阻礙都不是問題，老天爺自然會採取各種助力為你開道。倘若你總是在腦子中想，那麼就算想的再周密也是自己折磨自己，世界是在不斷的變化的，不論你的思想是否跟得上它的轉變，倘若沒有即刻的行動，你永遠都比別人慢了半拍，即便你投入的熱忱與對方投入的一切不相上下，但最終論道輸贏，你還是少了一份敢想敢做的勇氣。

所以不要遲疑了，給自己一個強大的暗示吧，拋開那些作為的「萬一」、「如果」，告訴自己本來我就是一個行動的巨人，我想到了就要去做，我要即刻看到這一切落成現實，倘若這已經成為了你做事為人的習慣，那對於你而言，在這個世界上沒有什麼是不能成就的。

這個世界上沒有卑微的夢想，只有畏懼「不可能」而不再堅定的心，我們每個人都可以透過行動證明自己，只要相信，只要執行，一切就都不再是虛夢。

如何掙脫麻痺的自己

在電腦上打完了最後一個字，拉開工作室的百葉窗，夜色已漸漸降臨，遙望窗外人流竄動，大家接踵摩肩，熙熙攘攘，路上一片車水馬龍。繁華的城市就是這樣，每天都少不了的喧囂，每天都蘊藏著無盡憧憬與憂傷。曾經有一個朋友感慨道：「玲玲，不知道你有沒有注意到，每當走上捷運公車，現在很少有人臉上是掛著笑的，他們臉孔緊繃，面無表情，有些閉著眼睛什麼也不看不想，好像對周遭的一切都不感興趣，那時候我就想，他們是不是已經進入到了麻痺狀態，對自己的工作和生活已經麻木了？怪不得現在薪資漸增，人們的幸福指數卻在下滑，你算選對產業了，以後你們這些心靈導師有的是工作。」

聽了她的話，我一臉茫然，心想難道只有當社會團體精神麻木的時候才會想到心靈導師嗎？假如是這樣，我寧願天天沒工作才心裡開心。真正的心靈導師，是可以讓人們在幸福的狀態下更加幸福的，不僅僅能夠解開自己的心結，還可以讓自己的修為、氣質、情感上升到一個更高的境界，相比於前者，這才是我真正想做的事情。但回過來想想朋友的話，卻也不無道理，在當今社會確實有人擁有體面的工作，敞亮的住房，豪華的跑車，卻精神麻痺，找不到任何快樂的感覺，這到底是為什麼呢？

前段時間看到一個報導，一個身價上億的企業家在自己的家裡自殺而死，桌子上留了一份遺書，傾吐了他滿心的傷感，大體內容這樣寫道：

曾經的我，做什麼都有希望，覺得那種一個目標接著一個目標超越的感覺非常美好，雖然當時自己也有遇到一些困難，也過了不少苦日子，但是總體來說回憶起來還是非常幸福的。

如今的我，手裡確實有了錢，但人生卻過得單調麻木，自從有錢的那天起，我就開始聽不到一句真心話，我每天重複著同樣的事情，參加著大同小異的聚會和飯局，嘴裡說得都是相同的討好恭維的話，我實在是受夠了，這世間的一切在現在的我看來都沒有什麼意義，所以我決定走了。我再也無法忍受這樣麻痺的人生，再也無法忍受身邊人對我身在福中不知福的鄙夷。隨他們怎麼想吧，一切都結束了。

……

看到這樣的文字，我內心感慨良多。明明這個世界這麼美好，為什麼那麼多人會在如此美好的世界中，麻痺消沉呢？此時眼前浮現出一張張麻木而憂鬱的臉，這讓我突然意識到我們身處的社會正蔓延著一種病態，這種病態不在於環境，而在於我們自己的內心。我們因為慾望而奔波，也最終因為慾望而沉默，最終一點點地淪為了它的奴隸，在它的脅持下一點點的失去自我，開始一點點的進入麻痺狀態，以至於最終感受不到快樂，也感受不到傷痛，這對於本來情感分明的人來說，是一件多麼可怕的事情啊。

在我的患者朋友當中有一個職場女性讓我最為記憶猶新，年紀輕輕的她已經是外商的高層，賺著一份月薪不菲的薪資，擁有一個讓別人看來非常美滿的三口之家，但是她告訴我說她過得一點也不開心。

當時的我很好奇的問：「難道你覺得老天還不夠厚待你嗎？」她笑笑說：「你不在迷局中，又怎麼明白迷局的痛。假如要你每天都看著相同的報表，在各種文件簽上不知道幾百次一樣的名字，每天看到老闆說一樣沒完沒了的客套話，回到家嘴裡說出的只有簡簡單單的那麼幾句話：『吃了嗎？』、『喝了嗎？』、『拉了嗎？』、『孩子睡了嗎？』然後除此之外再無其他，時間長了誰能夠忍受的了？而這就是我的麻痺生活，有些時候我覺得我還沒有死，我想掙脫，卻怎麼也找不到出口，那種被禁錮的感覺讓我恨不得想終止眼前的一切，但卻沒有勇氣，只能默默的看著那個鮮活的自己在精神上飽受摧殘，不可否認，我是真的輸了，我不是我自己的救世主，所以我向你尋求幫助。」

聽了她的話後，我很認真的對她說：「快收回這句話吧，我也不是你的救世主，救世主只有你自己。你之所以覺得麻痺，是因為你沒真切的發現生活中每一個細節的美好，這個世界上總有一些人經歷著你相同的經歷，但卻非常幸福快樂的生活著，原因就在於他們善於發現這個世界美好的一切。你試著想想，你真的忙到沒有時間在辦公桌前擺上一盆花，在全家的合照前給孩子寫上一段祝福的話，在面對繁重的報表間隙，沖上一杯熱氣騰騰的奶茶，在假期和老公吃一頓優雅浪漫情人大餐了嗎？沒有，事實證明，你有時間，生活還是給了你很多豐富自己的餘地，你可以在這些預留好的位置生活得很開心，完全可以幸福的計劃自己的分分秒秒，但你卻選擇了麻痺，你選擇了用一種麻木的狀態度過這些時光，如果是這樣，又有誰能幫助的了你呢？」

「可是我就是生活的不快樂！」她略帶矯情的說：「雖然你說得很有道理，但是做起來實在太難了。有些時候就是沒有心情。」

「人生是自己計劃的，愛生活的情緒是在每一個細節中一點點培養的，假如覺得有些事情可以讓自己快樂，那就不妨不遺餘力的採取行動，這是掙脫麻痺自我所要做的一件非常重要的事。你必須學會帶著美好的感情去觀察這個世界，去發現新奇的事物，去調劑自己美滿的家庭生活，這樣你的人生才不至於枯燥，你才會發現原來自己是一個如此有趣的人。其實這個世界有很多的內容，主要要看你願不願意把它新增進自己的日子，繪畫、音樂、彩陶、運動，只要你願意這些都可以成為你生命中美好的元素，一切的主動權始終都放在你的手裡啊！」

不管這個世界在別人眼中有多現實、多殘酷，但只要你願意就一定可以為自己營造出一個溫馨可人的自我空間，在這個空間裡，你就是自己的主人，你是那個最鮮活的自己。人的一生本應是美好的，所謂的麻痺往往源於我們對環境和慾望的茫然空洞。只要回歸美好細節，讓自己慢慢去生活，你就會發現原來人生這杯酒，真的很醇香，越品越曼妙，越品越是有味道的。

拿出不顧一切的努力，給明天插上翅膀

「今日作繭自縛，明日破繭成蝶」，這是毛毛蟲為化蝶做出的努力。「任憑弱水三千，只取你一瓢飲」，這是戀人對愛情的努力。「今天很黑暗，明天更黑暗，後天很美好。」這是一個企業人對理想的努力。努力著眼於當下，倘若當下的感受並不好受，你是否仍然對此奮不顧身，你是否會相信，就算眼前的世界一片黑暗，但只要向著太陽昇起的地方跑，天總是會亮起來。你是否呵護你的夢想如破殼而出的雛鷹？你是否看顧它如視如己出的嬰孩？你是否願意傾注自己的一切為未來插上翅膀？這一切全是你的選擇，或許其中並沒有太多的為什麼，只有一種直覺，那就是你為它而生，這輩子不去做，一定會後悔。

從心理學的角度來說，如果一個人將自己的全部精力、全身心的投入到一件事情的時候，他會就在整個過程中不斷的收穫憧憬和快感，他會感受到自我價值的呈現，享受到夢想照進現實的美好。只可惜當下大多數人，只是抱著嘗試的目的，拿出不到百分之幾的精力對所想的一切加以運作，心裡卻渴望透過這種極小的投入獲得收益最大化，這種付出與收穫不成正比的神話故事，或許只能存續在神話裡，這也就是為什麼很多人的思想天馬行空，最終還是一事無成的原因。

仔細想想吧，在這個世間究竟有什麼事值得你放棄所有，不顧一切的去試試它，如果是理想，那這個理想究竟是什麼，它展現在你面前的畫面有多清晰，它為什麼讓你那麼堅信自己一定可以成就，它又是有怎樣的能力將能量滲透到你的靈魂深處，讓這個念想來回的在你的腦中徘徊，直到占據了你的整個生命，它是如何決定了你的選擇，它是如何給你的未來插上了翅膀？倘若這一切在你心中都有了答案，那就不要遲疑，這就是命運的安排，此生就是為它而來的。

曾經有一個朋友調侃著講述了他的求職經歷：

玲玲你知道嗎？起初我並沒有意識到策劃文案是我終身的職業，剛畢業的我不過是想找份工作解決暫時的溫飽，至於未來的發展，眼前還是一片渺茫。但沒想到當我與它不期而遇的時候，就莫名的對此產生了強烈的熱忱。儘管起初一切並不順利，我的策劃方案一再被老闆駁回，這也讓我開始對自己產生質疑，我暗自發問:「難不成我真的就不適合這份工作？」可我卻是如此深深的愛著這個產業。

於是我跳槽，換公司，也提升了職位，中途也經歷過幾次想轉行的念頭，可令人沒想到的是，每當我有了這樣的念頭，投送了履歷，找我面試的公司依然是應徵文案經理的。於是我儼然一笑，感覺知道了自己的天命，於是再無顧慮，從此全身心的投入到自己的事業中。別人做一個方案，我做五個，別人吃飯的時候我做策劃，別人下班了我還在做策劃，別人聊天我做策劃，別人晚上睡覺了，我還在挑燈夜戰的做策劃，我將我的一切融入到自己的事業中，不斷的閱讀大量的資料，尋找最經典的文案範本，提升自己的策劃靈感，最終獲得了業內的一致好評，我終於可以說我做出來的文案就是跟別人的不一樣，因為那裡融入了我的生命。我並沒有把我的工作看成是一種維持生計的手段，相反我把它化作了我的人生，而我的人生也因為它而精彩起來了。

儘管保留能量者是我們沉默的大多數，但這個世界之所以會精彩，最重要的是還存續著這樣一批不顧一切的人，他們想到了就去做，腦海裡沒有那麼多為什麼，也沒有那麼多的不可能。他們不會將自己的夢想循環在無止境的渴望與利己狀態，他們只是覺得自己有必要完成這項使命。在整個運作的過程中，他們有了很多神奇的發現，他們發現但凡自己所遇到的，都是生命中不可多得的遊戲和挑戰，而此時的他們，儼然化身為境界中的神祕人物，富含智慧與熱情，不斷的破關，不斷的攻克一個又一個看似堅不可摧的壁壘。或許這就是愛迪生照亮了世界，賈伯斯改變了一個時代，馬雲建立了阿里巴巴的帝國。

人生在世，總該有一個什麼讓你為之奮不顧身一次，即便再多的人不看好，即便再多的人說這是天方夜譚，即便你自己也覺得腦海裡有那麼多的不可能，但只要想了，朝思暮想了，就沒有必要再去放下。因為你的大腦已經潛移默化的進入了運作模式，它會帶著你去實現這一切，它會給你指引，在不斷的激發你的創造力和實踐方法，它讓你從中感受到了快樂，而這一切都不是別人一個怎樣的建議能夠替代的。對於一個人來說，當下是自己，明天是自己，未來是自己，倘若眼下你已經全心投入，無外乎就在未來給自己插上了一雙翅膀，一切的成功都在能量的行動中得以呈現，你邁開了第一步，就會有第二步等著你，而這一步一步都是邁向未來的至高點，倘若不為自己全力一試，怎還對得起自己？又怎能看到藍圖背後的別有洞天？

A or B ？落實好步驟，才能找到最佳選擇

人生轉角的路口，明明看似清明的大道，轉個彎卻另有乾坤，此時的我們或許對眼前的一切措手不及，不知道在這個四通八達的十字路口應該朝向哪一個方向，每一個方向都是未知，每一個方向都有屬於自己的步驟，一步步的走來，也許是柳暗花明，也許是混沌不明，因為沒有把握，反而畏首畏尾，可冥冥之中為什麼有人卻走得如此從容不迫，上前詢問，對方也是自信滿滿，回頭微笑地看著你說：「難道你沒有做攻略嗎？」這時候才覺得，哇！原來如此，提前做好準備就是讓人感覺不一樣，步驟是可以預先自己安排的，只要一步步的提前料理妥當，後面走起來就輕車熟路少了很多麻煩，如此看來，A or B 的選擇題也沒那麼麻煩，只要自己會答，能答對，提前預知答案，後面的選擇就會從容不迫，每走一步都能走在最佳的路線上。

就人生而言我們每個人都會經歷 ABCD 等諸多的選項，很多人迷信第六感，覺得是它就選它了，偶爾矇對了，就覺得是上天賦予的神祕能力，可這種神祕能力不是什麼時候都應驗的，真正想成功，想永遠都找到 Mr. Right，就要提前自己先做好功課，矇對答案永遠沒有預知答案來的強大，而預知的能力來自於前期的努力，每一個選擇之所以是最佳選擇，都不是憑空捏造，而是經過大量資訊的整合和規劃，最終設定了自己所站的

最佳位置，從這個角度說，讓自己百分之百的身處在自己設計的空間中是最安全的，碰運氣的事無非只是玩玩，真槍實彈上戰場火拚還得是實力，而落實好生命中的每一個步驟，玩的就是我們的綜合實力。

我身邊有個朋友很讓人羨慕，大家都說：「這傢伙實在太厲害了，做什麼事情跟算命先生一樣，總是精準，心想事成。究竟踩上了什麼機遇，讓他具備了這麼強大的神祕能力？」可他聽了這樣的話，卻儼然一笑說：「機遇是留給有準備的人的，不會創造機遇，不會規劃未來，又哪來的未來，哪來的機遇。」經過長時間的溝通了解，我發現這個朋友的過人之處就在於，他不管什麼事情，都在開始之前做好充分的準備。

比如你跟他說要做一件事情，他會提前準備好一個筆記本和筆，將彼此談話的內容全部記錄下來，然後提煉中心思想，列出最為重要的一二三點，隨後便獨自進入了沉思，他會將自己的思路一步步的記錄在本子上，甚至有些時候還會運用心智圖等工具畫出方案，標注出精準的拋物線，讓眼前的事物更加具體、更加真實，形成一個非常完善的體系，把一切看清楚以後，他便開始認真的做起自己的方案，每一步，要做什麼，可能遇到的問題，整個計劃透過筆跡的流動在腦海中浮現的越來越清晰，確定萬無一失以後，他會長吁一口氣說：「好啦，我知道該怎麼辦了，現在動手吧！」

看著他信心滿滿的樣子，很多朋友感覺都有點難以置信，照著他的規劃真的能實現嗎？結果事實勝於雄辯，屢試不爽，大家對他的行動無不欽佩地自愧不如。於是我嘗試著問他：「在你的實施方案中真的就沒有出現過突發事件嗎？」他笑笑說：「世界每時每刻都在變，事情怎麼都能順水推舟的如我想像的那樣，只不過我在考慮步驟的時候會對這一切早有準備，而且對處理這些事情也有一步步的規劃，以至於當這些問題出現的時候，不至於過於的影響我自己要做的事情。」聽了他的話，我深受震撼，原來想做成一件事，看似容易，其實裡面所要考慮的問題實在太深遠了，它需要我們快速的梳理自己的思路，劃分結構，系統分析，還要將很多不可預見的問題全部的考慮進去，這真是一個浩大的工程啊，倘若想對自己有百分之百的把握，提前做好前期的工作也是很有必要的。

曾經有個朋友說：「其實人生就是一道濃縮了酸甜苦辣的數學題，乍看讓人緊張頭暈，但只要一步步落實到步驟，你就會覺得越做越享受。」人生需要行動，但同時並不意味著人生不需要規劃，每一個階段性的勝利都能讓我們享受到充分的成就感，而每一份成就感，都能為我們累積到更多的能量和經驗，人生就在這一步更進一步的發展中不斷邁進，你會發現對人生有充分把握的人，才能真正地成為生命的主人，每個人都可以按照規劃成為自己想成為的樣子，關鍵要看你是否對一切有充分的了解，因為了解才不會畏懼，因為有準備才有後來的中氣十足，一切都不是憑空而來，而當下的你，是不是也該拿起筆來，為自己好好打算一番了呢？

相信自己，你有這個能力讓想像照進現實

每個人都有自己的夢想，也都希望自己能夠心想事成，可為什麼總是有人在那裡哀嘆：「天不遂人願，我奈何得了天如何……」在我的職業生涯中，很多朋友找到我都會感慨：「人生在世不如意的事情十有八九。」但這樣的論斷，真的就是正確的嗎？夢想與現實之間，有著它神祕的能量連結點，這個點，是要透過我們不斷的堅信、不斷的努力、不斷的推進才能得以實現的。其實，這個世界上心想事成並不是一個神話故事，因為它的方向朝內，不管付諸怎樣的行動和選擇，完全仰仗於我們內心的力量。倘若我們能夠善用自己，調整好周身的能量，堅持行走在理想的風向儀上，即便是前行的道路充滿未知，照樣也能夠將藍圖照進現實。

從佛學的角度來說，世界是因為眾生的想像而化現的，這也就是說，每一個生命的心中所想，本就自帶著強大的能量，我們的意識與天地能量相感，最終聚焦成世間萬物，演化出了無數新奇的產物。儘管在起初，我們的潛意識認為，這一切不過是存留在意識世界中的一個想像，但走了一段路卻突然發現，這種看似虛妄的想像，竟然已經走進了自己的世界，融入了自己的生活，甚至改變了自己固有的思維方式。每個人都有能力改變這個世界，只不過我們在滿懷憧憬的同時對它的實現產生了懷疑，當這種質疑成為困擾的時候，能量便隨著我們負面的念想有所停滯，演化出了諸

多負面的概念，以至於原本可以實現的一切，在這一系列能量的轉化中走了下坡路。此時的我們駕馭不了自己的感受和情緒，覺得腦海中編排的一切落實無望了，可偏偏就是有這麼一些人明明受到了同樣的影響卻仍然向著預期的方向前行，絲毫沒有退讓改變的意思，於是乎，他們準時的到達了成功的彼岸，這就是自信留給他們最精彩的餽贈。

曾經有一位心理學家這樣說：「給我一個孩子，我可以透過我的方法把他變成任何你可以想像的樣子，無論是誰都可以成功。」其中所蘊含的內容實在太深遠了，起初看到這句話的時候，老實說，我很驚訝，但經過認真的梳理，卻發現真的不無道理。夢想對於每個人來說，是一種能量，更是一種充實在我們內心深處，反覆重複強化的概念，儘管現實的境遇常常讓我們對自己持守的概念產生懷疑，甚至於不斷的以其他的概念改變我們原本的方向，但倘若我們對自己所擁有的一切深信不疑，並不斷的在重複中堅信自己的判斷，那麼不容置疑，不論外界環境如何促成著改變，你依然會憑藉自身的定力，準時準點的到達想要去的任何地方。

曾經有個女孩來到我的工作室，一進門就哭喪著臉說：「玲玲老師，不知道為什麼對於夢想這件事，我總是有一種無力感，每當想到它的時候，我的內心就會激情萬丈，但每當我準備將一切落實到行動中的時候，便覺得阻力重重，各種壓力，困擾都來了，起初我還想不管怎樣都要不斷推進自己的目標，可忽然覺得眼前的目標變得越來越渺茫，它就像壓在自己身上的一塊負累，一個未完成的預期，連結著又一個未完成的預期，讓我簡直難以接受，於是最近，我一想到自己的規劃，我的呼吸都會變得急促，各種失落和絕望的情緒讓我無法安眠，儼然已經不知道我可以為我自己做些什麼，甚至開始對當下所邁開的每一步產生質疑，越是質疑，越覺得一切都是虛妄，越質疑就越覺得講自己淪陷在了負能量的坑裡，我該怎麼辦？到底應該怎麼辦啊？」

聽了她的話，我摸摸她緊張到冰涼的雙手說：「親愛的你有沒有預先培育好你的自信呢？這個世界有太多的事情會讓我們失落和膽怯，但有了自信感的支撐，就會對這一切形成抵抗能力。你現在的問題並不在於你的規劃，而在於你對自己的質疑。夢想之所以沒有兌現，與其說是困難給你帶來的壓力，不如說是你的自我質疑給你帶來的問題。所以就在當下，你必須找回那個信心滿滿的自己，並告訴她，你想成就的一切都可以成就。」

於是我引導她站起身，做上幾次深呼吸，閉上雙眼，將自己所規劃的美好藍圖像看電影一樣，一一來過，想像它已經落實到了每一個細節，每一個細節都在自己運用智慧的過程中得到了優化，同時預定好了每一個時間截點，每一個目標，都在預期規劃的軌道上行走著，而自己，正安靜的看著這一切，站在全局的至高點上感覺，確定一切無誤以後，便帶著滿滿的自信走向成功的起點。

隨後我讓這個女孩，在腦海中呈現自己所要落實的第一個目標，想像整個過程，想像自己在落實這一切的時候抱有的是怎樣一個樂觀積極的心態，想像自己正在用心的處理每一環節中的事物，最終實現了預期的規劃，確定一切到位的時候，便讓她勇敢的向前邁上一步，隨後再開始想像自己在落實下一個目標時，所抱有的情緒和心態，因為有了階段性的勝利，此時的自己更有信心了，心情愉悅並對明天充滿希望，因為有了前期的經驗，處理第二目標的步伐變得越來越輕快，處理的節奏也跟著有條不紊，很快第二目標的一切就有了進展，於是，我便讓她勇敢再向前邁一步。就這樣一步步，女孩消沉的臉上漸漸顯出了笑容，她的步伐越來越從容，神情也越來越堅定。當心中的一切如此清晰的展現在自己面前，自己就有了將它帶入生命的慾望，而且堅信自己一定有實力創造自己的價值，這一切自己值得擁有。

後來不負眾望，這個女孩兌現了自己腦海中想像的一切，她說因為真實的感受到了自信的存在，所以在處理問題的時候，便不再有什麼困惑，各種拖泥帶水的煩惱都因為一份堅定的信念被甩到了一邊，而眼下的自己做起事來是如此暢快，宛如找到了心想事成的芝麻開門。

美好的想像來自於我們最原始的構思雛形，構思的深刻越清晰，你就越是會有能量將它帶進這個世界。倘若這時候，你只知道被負能量糾纏，將各種「不可能」想像的越來越逼真，那麼不容置疑，你也只能將這些「不可能」帶進自己的世界。宇宙的能量沒有情感，我們卻可以依靠我們的情感與它進行對接，這就猶如一個空白的版面，有待著我們以自己的方式去書寫內容。所以相信自己吧，相信自己可以實現自己想像的一切，在不斷的規劃設計中給自己力量，讓一步步的目標在自己意料之中推進，畢竟讓自己在成就感中追逐總比在困惑中拘泥不堪來的更實際、更有價值。

秋

秋風落葉，蝶舞金黃

沉澱心緒的寂寞，填滿靈魂的糧倉

地獄，人間，天堂，

陰晴圓缺下的思量，秋雨連連中的獨行。

完美與不完美之間，

顛覆的是美，還是人生幻影間幸福的模樣。

第七章
既然孤獨生命常態，何不任它葉落歸來

泛黃的書卷，獨坐窗櫺下的房間。

孤獨的獨處裡，誰在修復著心靈碎片，

透明化的內心世界，

讓不安的自己慢慢平靜。

世間最偉大的空虛感，

就是讓你在它的普照下，淡化記憶。

不要活在別人的語言世界裡

別被一句「人言可畏」嚇到了，說到「人言可畏」很多人都會因此而心碎，現實中人與人所建立的連結，並不是百分之百都那麼盡如人意，遙想故人，因為一句「人言可畏」失落的、煩躁的、憤恨的、隕落的，百態叢生，故事都是一把辛酸淚。於是有人說：「人活在這個世界上，被人關注與不被人關注都不舒服，被潑出去的幾句話淹死，被傳出的莫須有故事困擾，情緒起伏跌宕，無法言說，但這就是生活。」

對於人言二字，老子在道德經中早有闡述:「寵辱若驚，貴大患若身，何為寵辱若驚，得之若驚，失之若驚，何為貴大患若身？吾所以有大患者，為吾有身，及吾無身，吾有何患？」人生最大的禍患，莫過於靈魂在自己的軀體中難以忍受外界的影響，而最能影響我們思想和感受的，就是語言。由於語言的共通性，我們很容易的陷入到別人思想的惡性循環中，人總是渴望將自己的思想凌駕於別人的思想之上，而其所用的武器，往往就是語言。

古往今來，有人利用三寸不爛之舌讓世界分久必合合久必分，結果國家分裂了，有人被氣死了，有人過著好好的日子開始哀嘆人生的不濟，有人突然間就陷入了人命關天的禍患，一切不過只是當初眾人口口謠傳的那麼幾句話，可見語言的殺傷力對於我們每一個人來說是多麼強大。

老實說，活在別人語言的世界裡實在是太可怕了，因為你不可能讓所有的人都滿意，倘若沒有自己的主意，思想和行為必將陷入到無比尷尬凌亂的境地。你會順著別人的思路，一點點的摧毀你自己，最終活成別人的樣子，而對於生命而言，行走在世間這一遭，有什麼比活出自己還要重要呢？

曾經有一個朋友說：「生活中最痛苦且最容易發生的事，就是把別人的話當真理，從此不再傾聽自己的聲音，最終沒有了自己的聲音。」想到這裡我不禁想到了佛陀的一句話：「如果你在人生中的每一時刻，把某種看法或認知當做絕對的真理，就會關閉自己的心門，不再去尋找真理。你不僅不去尋找真理，即便真理親自來敲門，你也不會幫它開門。你開始執著於一種觀念、看法或者認知，這就是尋找到真理的最大障礙。」細細想來，真理莫過於我們自己，而引導我們拒絕自己的往往就是他人的言論，以及外界環境的影響。我們總是習慣性的因為別人的種種停下自己的腳步，卻不知每個人行走在前程的路上都是孤獨的行者，幻想太多的陪伴，只會讓自己心緒凌亂，傾聽自己的內在，做自己的主人，才是我們在人生中學習的真理所在。

那麼怎樣才不至於因為過分在意別人的言論而影響傷害到自己呢？在我看來，解開死結的神祕咒語莫過於一句話：「先把自己活明白。」很多人之所以會被別人的言論左右，最終把自己的生命歷程轉得歪七扭八，主要原因在於他們沒有真正把自己看明白，不知道什麼是自己想要的，不知道怎樣得到自己想要的。不知道自己的天命在哪裡，自然也就在看不清天賦的混沌中隨波逐流。這個世間有太多的言辭披著誘惑的外衣，我們總是迷信的認為別人的評價才能證明自己的價值，卻忘記了別人說這些內容的真實用意。

還記得上學的時候，學過一篇古文〈鄒忌諷齊王納諫〉裡面把人為什麼會這麼說，有多少利己的成分，剖析得淋漓盡致，著實給了我不小的震憾。妻子說他美是因為愛他，小妾說他美是因為怕他，朋友說他美是因為有求於他，問了一圈，自己到底美不美只有自己知道，其實我們每個人的心中都有衡量自己的一把尺，別人說什麼本就跟我們沒什麼關係，我們自己對我們自己的判斷往往才是最正確的。

劉先生是來我這裡諮商的求助者，剛見到的時候，他的意志非常消沉，他告訴我，曾經的自己活在無比美好的正向狀態，闔家幸福，事業順利，朋友親近，客戶信任。可沒想到就在去年，自己的事業面臨波動，瀕臨破產危機，曾經眼前美好的一切都變成了另外一個版本。

他告訴我，此時的自己真的知道什麼叫人言可畏，什麼叫破鼓萬人捶，朋友不再跟自己走的那麼親密，說起話來一個個陰陽怪氣，甚至還帶著絕情的味道，好像自己打電話給他們就是為了向他們借錢，而客戶一方臉色更是不好，各種負面的言論充斥著他的耳朵，以至於讓他覺得，當初為他們所付諸的一切努力都全部歸零了。經過這次打擊以後，劉先生慢慢變得沉默寡言，他告訴我，有些時候，他拿起電話不知道打給誰，他只想聽到一聲寬慰，可電話那頭傳輸來的內容，通通都是讓他沮喪無助的聲音。他不知道還有誰願意聽他說話，他也不知道自己還能不能找回過去的自己，於是抱著最後一絲希望找到了我。

聽了他的話，我並沒有過多的細問他所經歷的細節，而是直接丟擲了這樣一個問題：「您覺得自己究竟是一個什麼樣的人？」

「我覺得至少我還算個好人，一個不願意虧欠別人的人，在我看來，人生最得意的事情，就是在一個人永遠閉上雙眼的那一刻，回頭想來，沒有虧欠任何一個人。我就是這樣做的，經營生意，即便是虧了自己也從來沒有想過要欺騙別人，所以當別人如此冷落我的時候，我才會委屈，才會覺得人生不再有希望。」

「但我覺得您說得很好，只是倘若能夠省去下面的兩句話就更好了，那就是您對於自己人生最完美的定義，既然我們知道自己是什麼樣子，又何必活在別人的評判中呢？人活在這個世界上，最珍貴的事情是做自己，別人的評判遠遠沒有做自己重要，所以對待那些『人言可畏』的事情，做再多的解釋也是徒勞無功。因為懂你的不用解釋，而不懂你的也不會相信你的解釋，我們來到這個世界的時候，隻身一人，走的時候也帶不走一個同伴，所以著眼於當下，找回做自己的感受才是最重要的。」

劉先生看著我，流下了眼淚：「謝謝你，可我不知道自己為什麼會那麼痛苦。」

「先生，人生有諸多的境遇，每個人都可能遭遇痛苦，痛苦在經歷中是一種必然，但同時，它也僅僅是一種感受，我們完全可以主宰我們自己的生命，因為我們不是為了滿足別人的期待而活著的。您沒有必要奢望所有人都理解您，所有人都對您滿意，只要我們按照內心規劃好的方式經營生活，做自己最開心的事，成為更好的自己就可以了。依我看，如今的你依然富足，只是你從來沒有意識到，自己有多富足。」

行走在人生的路上，我們對自己有著諸多的美好期待，起初我們雙手握拳，雖然雙手是空的，卻對眼前的一切無懼無畏，始終覺得自己無比富足。可當人慢慢長大，一步步的走向成熟，身邊的聲音多了，煩惱多了，我們過分的相信了別人，下意識的相信了自己的貧窮，卻從來沒有在鏡子面前好好打量一下自己頭上善良的光環，每個人來到這個世界上都有自己的天命，不要因為一個「人言可畏」迷失了自己，世界如此遼闊，我們需要利用有限的時間依靠自己去證明自己的價值，至於別人，永遠只能是別人啊。

獨處，最曼妙的時光

眼見深秋來臨，夜已深沉，放下敲擊的鍵盤，端上一杯暖茶，靜靜地看著窗外的夜景，忽然覺得這種只屬於自己的時光甚是美好。即便是停止了思緒，即便耳邊寂靜無聲，讓大腦暫時的空曠下來，享受一番獨處的曼妙，遙望路燈的昏黃，遠看街景一點點的即將靜下來，我很慶幸內心沒有思緒慌亂，而是真心的體驗著這一難得的時刻，任憑鐘錶滴答滴答的移動著秒針，我知道此時此刻的分分秒秒都是屬於我的，而此時我的世界是如此安詳寂靜，而對於人生而言，每一個當下都是最為難得的時刻。

有人說自己害怕獨處，覺得獨處就意味著孤獨，當事情一件件沉澱下來，伴隨著無聲的世界，呼吸都會感覺到急促不安，那些忙碌中可以暫時不去考慮的事情，如今一個個傾注下來，搞得自己不知所措，此時的自己忽然感覺倍感無助，卻找不到任何支持，因為安靜的房間不斷的暗示著一件事，此時此刻只有你自己存在。於是乎，內心不由的開始沮喪不安，怎麼辦？怎麼辦？在這樣無所事事而不覺惆悵的時刻，過去的記憶翻江倒海，未知的明天深陷迷茫，而眼前的自己，就在當下停滯的時刻，惶恐的看著這一切，卻無計可施，緊張而繁瑣的心緒讓我們倍感無力，獨處印證了現實的蒼白，而這種蒼白在這隻身一人的空間裡，只能一個人去面對。

其實獨處並沒有那麼可怕，倘若願意，它可以成為人生中最為享受的美好時光，沒有人在強制你去做任何事情，就在當下你就是自己百分之百的主人，所謂獨處更深一層的含義，或許可以解釋為，此時此刻，你有大把的時間可以揮霍，就在這屬於自己的一天，一小時，半小時，十分鐘。

還記得自己特別喜歡的作詞者林夕曾經講述過一段自己的經歷：

當時正值聖誕節，我一個人的聖誕節，雖然只有一個人，感覺卻是相當愜意，朋友怕我孤寂，說一定要跟我吃個飯，而我對此事卻並不著急，對他說，不要過分的強迫自己，倘若有應酬沒有時間可以不來。

於是我就自己深陷在小說故事的完美意境裡，整個人覺得無比輕鬆，那種感覺極好，無法用語言來描述，我就這樣自己陪伴著自己，自己和自己待著，整整度過了一個下午。直到電話響起，我的寂靜生活突然告一段落，老實說這種突然的打擾讓我產生了煩惱，我有了一種難以適應的煩躁感，輕瞟了一眼手機，才發現是那個朋友：「我大概晚一點到你那去，應酬時間太長，沒有辦法，你千萬別介意啊。」

「你忙你的吧，如果太忙就不要來了，我這裡沒事，一切都很好。」我有一搭無一搭的回答道，腦海裡卻在小說的情節中穿插著。放下電話，我突然再也難以重新回到那種安靜悠閒的狀態，我深呼吸，試圖重新找回自己的感覺，但那種感覺不知道怎麼回事，就是不在了。於是我獨自坐在窗邊，看著窗外的一切，我在這個世界裡，卻又好像不在。我只是用眼睛張望著一切，觀察著一切，與自己待在一起，突然間，那種美好的感覺又回來了……回想一下自己，有沒有這樣一個時刻，我們渴望只與自己相處在一起，其實就規劃而言，很多人在一年剛開始的時候，曾經規劃過很多事情，比如讀上幾十本書，看上十幾部電影，寫一摞厚重的讀書筆記，或者來一趟說走就走的旅行。但這些美好的規劃，都在自己穿來穿去的忙亂中一再錯過，有時候我們真的很想讓自己從亂七八糟的事情中逃離出來，讓自己的世界徹底安靜，讓夜下陪伴自己的燈火溫暖而安詳。可是當這一刻來到的時候，卻又不知道該怎麼享受，思緒不斷的陷入雜亂的世界，總也理不出首尾。

其實一個人的時光，是最適合思考和調整自己的，忙亂的生活，複雜的情緒，需要我們適時的停下腳步，讓時間暫時停滯在某個更為空曠的位置，然後讓自己安靜下來，好好的陪伴自己。或許一開始的時候，我們會突然陷入到某個情緒，這個情緒讓我們緊張，讓我們傷感，乃至於略微還有點憤恨的味道。但是正是由於此時的空曠我們才更能夠拿出自己的理性和慈悲，好好的照顧我們自己。我們可以像媽媽一樣用心的去擁抱照顧自己的情緒，我們可以不斷的給它關懷和溫暖，讓它漸漸感受到安全感，從而恢復原有的平靜。我們可以拿起一本書，帶上耳機，隨著悠揚的曲調，在書中樹立我們的情緒。我們也可以對著畫布施展畫筆，將自己一筆一畫的表達出來。要不然，就去跑步吧，一步步的節奏，會讓心情漸漸輕快起來，要不然就做個美工吧，各種 DIY 會讓你在成果中瞬間找回成就感，再不然……再不然……世間有那麼多美好的事情，而當下獨處的你恰恰有時間，那就盡情的沉浸在自己的快樂裡，將頻率一點點的放慢下來，就能夠感受到生命脈搏原有的跳動，以及人生依附在我們身上最真實美好的成分。

所以，不管別人怎麼想，我是真心的愛上了這些屬於自己的時光。當我帶著無比安詳平靜的思緒將指尖敲打在鍵盤上的時候，突然有了一種將這一切充斥在整個人生裡的衝動。當一個人靜下來的時候，總會有一些內容能讓我們真切的看清我們自己，我們才有更多的時間了解到自己的需要，整理好自己的思緒，帶著一種輕快的調調，重新上路，即便明天的自己再度忙碌，只要當下的時刻屬於自己，就不要錯過它的曼妙，那是自己與自己的約會，自己與自己的語言，我們可以自己定義自己的世界，將有限的時間渲染上最亮麗的顏色，因為我們是它的主人，我們就是我們自己的幸福。

自我修復，也是自我蛻變

走在人間大道上，人來車往，有歡笑就有悲傷，有得到便有失去，每個人在經歷生命過程的時候，難免都會遇到難題，我們會抓狂、會懊惱、會不知所措，然後無助的站在那裡，等待著一個自己並不願意看到的結果。好在一切事情都會有一個結果，接受了結果，便是一個新的開始，只是大多數時候我們總是習慣性的在回憶中陷入舊傷的陰霾，明明晴朗的天氣，內心卻莫名的升起一陣烏雲，巴不得我們對著鏡子在痛上一回。有人說，經歷傷痛就是經歷成長，但倘若可以重新來過，誰又願意去承擔這一切所帶來的痛苦呢？那種從肉裡長鎧甲的感覺，讓人撕心裂肺，儘管我們故作鎮定，用各種方法強大我們的內心，但這一切肆意妄為，對人的心靈就是那麼的有殺傷力，即便時隔多年，每當回憶落款在那個時刻的時候，依然讓人記憶猶新。

但有了結果就要接受，出現了傷痕就要癒合，不管昨天經歷了什麼，人總要在第二天太陽昇起的時候，將破碎的一切收起來，修復出一個更強大的自己，也許這算不上涅槃重生，卻是我們本能的一種精神蛻變。沒錯，在接受現實以後，我們變得越來越好了，它可以是一種正面的暗示，也可以激發出一個漂亮的行動。舊傷的痕跡，沒有抑制住我們的勇氣和思考，夜深人靜的時候，每當看到這一切，猶如舊夢重遊，即便驚出一身膽顫，卻還可以豁達的嫣然一笑。想想自己的當年，想想時下越變越好的自己，內心必然湧動著諸多感慨。於是乎，我們開始轉變自己對它的態度，甚至對此抱有感激，因為時間的流失，每一個刻骨銘心的時刻，都會成為過去，而過去的價值在於，它總是能滲透著讓你學到點什麼，而這些豐富的內容，不管你是願意還是不願意，都早已在歲月的洗禮下被承擔了下來，倘若真的還有什麼可以牽動你的心緒，那唯一的內容就是，它要幫你活好現在。

麗麗是一個相當精明能幹的女孩，如今的她已經三十多歲了，卻始終孤身一人。很多人勸她趕緊找個合適的老公嫁了吧，她卻昂起頭，一副要強的樣子，鬥志高昂的說：「一個人也要活出自己的精彩。」

後來，透過更深入的了解，才知道麗麗曾經有一段非常痛苦的感情經歷，她全身心的投入到了一場戀情，卻最終被深深的傷害了。她說曾經和男朋友待在一起的時候，他從來沒有把自己和她的相片發到社群軟體。可沒想到分手才三天，他的社群軟體上就發布了各種與新女友的靚照，這讓她頓時深陷到無止境的絕望和痛苦中。

看著麗麗表情越來越沉重，我適時的問了她一句：「那麼現在回憶起來，當時的自己是不是有點傻？」

「是啊！」麗麗抬起頭說：「當局者迷，旁觀者清，當時覺得天都快塌了，現在覺得那時候的自己實在是太傻了，不過是一段不值得留戀的感情，為什麼要用別人的錯誤懲罰自己。」

「之所以人渣要離開你，其實是真的心疼你了。」我笑著說：「他的離開預示著，你可以給更愛你的男人一個走進你的機會，所以不要輕易的排斥新的感情，讓更美好的他走進你的生活，分享你的快樂，倘若如此，曾經走過的一切都不會白費，它將讓你更加珍惜當下所擁有的一切，而你也更容易沉浸在真實的幸福中，屬於你自己的幸福和愛裡。」

聽了我的話，麗麗的眼睛一下亮了起來，她說，本來自己已經不再相信感情，沒想到今天和我聊了幾許，就覺得身體的能量瞬間被修復了。她告訴我現在的她並不缺乏追求者，只是曾經的自己對新戀情心有恐懼，現在不一樣了，她終於將一切看清楚，可以不再排斥新的感情，也可以隨時擁有嶄新的戀愛了。

痛苦是一種感受，因為大多數人都排斥這種感受，所以在體驗它的時候，只能將目光聚焦在眼前的一點點，這個點聚焦的越深刻，我們體驗痛苦的感覺就越強烈，越長久。但是倘若我們可以換一種思維模式，將它停滯在世界的某一個位置，承認它的存在，卻下意識的不給它那麼多的關注，對自己承擔起百分百的責任，它的能量就會越來越小。其實，對於舊傷而言，修復的方法很多，看書、寫日記、聽音樂、旅遊，都可以讓我們在找到快樂的同時，將那企圖由點成面的痛苦拋到九霄雲外。我常常告訴身邊的人：「親愛的，世界如此遼闊，不要總拘泥在眼前的那麼一點點，當你邁開步伐去體驗的時候，你就會發現你所能得到的還有很多，快樂會以各式各樣的形式走進你的世界，只要你開啟了你的門，它就會進來，和你長久的相守在一起。」

所謂的修復，就是承認痛苦的存在，不去過多的壓抑它，給它釋放的空間，卻下意識的將更多的關注集中在可以讓自己快樂起來的事情上。它不過是身體部位感受的一個點，為了不至於讓它氾濫，我們可以隨意的將它安排在身體一個並不敏感的位置，並準確定位它在我們身上的份額，這時候才突然發現，這種感受不過只占據了身體的百分之零點幾，剩下的絕大部分依然保持在祥和愉悅的狀態，而我們此時此刻要做，就是瞬間找回快樂愉悅的狀態，來更好的處理手上一切能夠把握的事情。當那些清晰的圖像變成了灰白色，當它如炮灰一樣，隨風而逝，當痛苦感順著我們的規劃一點點的消散，我們又回歸到了一個更完美的狀態，任何的修復都是要將我們變成一個更完美的自己，認真的完成這場蛻變，世間就再也沒有什麼事情能夠傷害到你了。

關照自我，讓心對自己清澈透明

「你愛我嗎？」

「很愛。」

「為什麼？」

「因為我是天底下最了解你的人。」

「你胡說，我都不了解我自己，你怎麼會了解我呢？」

這是小倆口吵架的時候最容易說出的話……

人生最重要的事情是了解自己，可最難的也是了解自己，我們很多人對卸下面具的那一刻心懷恐懼，害怕真實面目出現的時候並不是自己渴望的樣子。於是我們總是強裝著一副別人期望的樣子，以為這樣才能夠得到尊嚴，才能夠向世界呈現自己存在的價值。可是裝來裝去，即便裝得在別人面前如魚得水，內心卻因為裝得不是自己而深陷疲憊。秋日的夜晚，伴著柔和的燈光，我對面而觀，卸下妝容，讓那鏡子裡的模樣，清晰的映照在自己眼前，往昔的種種過往，種種經歷，在歲月的洗禮下改變了樣子，而我們我們卻很少過問，很少有時間靜下來關照自己。我們到底需要什麼，渴望得到什麼，而這種需要和渴望真的可以給我們帶來百分百的快樂嗎？有人說人生在世最重要的一件事，就是追逐，可追逐令我們浮躁，令我們不安，攪渾了我們內心的那一汪清水，想要重新找到自己，唯一能做的，就是讓自己靜止下來，用心的端詳覺察，讓渾濁的一切重新清明，讓我們回歸到最純粹的時刻，找到那個清澈透明的自己。

對於一個人來說，行走於江湖難免要說一些假話，可就自己對自己而言，我們有必要讓自己變得誠實起來。每個人都是不完美的，都會被各種慾望和煩惱糾纏，對自己承擔起百分之百的責任，承認自己的優點，也知曉自己的醜陋，內心才能收穫坦然，我們知道自己是一個怎樣的人，就知道如何克服自己身上的問題，如何解決存在於周身的問題，從而更好的幫助自己。曾經有個朋友說：「脫下偽裝，我頓覺面目可憎，可不知道為什麼，自己照著照著鏡子就笑了。」這真是一個有哲理的話啊，人生最重要的就是審視自我，因為我們大部分時間，都是自己跟自己相處在一起，倘若對自己都難以拿出真誠的態度，自己還有什麼能量成為自己，成就自己呢？

曾經有一個很有意思的故事發生在一位朋友身上，事情並不大，但卻很能說明問題：

這一天這個朋友找我，本來是來閒聊的，突然之間想起來跟我說了這麼一件事情：「玲玲啊，想來我也是個信佛的人，不偷盜，不邪淫，不妄語一定是要做到的，可是不知道為什麼，我每次到商店買東西的時候，看到那些精緻的小東西，心裡總有一個聲音在說，偷走吧，偷走吧。我聽了以後，覺得哇，我好罪過啊，竟然心裡上存在這麼陰暗的一面，怎麼對得起在佛祖菩薩面前發過的誓言啊。於是我趕忙的懺悔，懺悔來懺悔去，弄得我一身緊張，然後汗流浹背的把它放進筐子裡，趕緊健步如飛的去買單。你說這是信仰問題，還是心理問題呢？」

我聽了以後，笑笑說：「你啊，最重要的事情還是沒有真正的對自己誠實，你的理性你的道德意識沒問題，但是你心靈的本質還需要你用心的覺察和觀照，你需要搞清楚一個問題，為什麼會出現這樣的聲音，出現聲音以後自己為什麼會緊張，究竟在那一刻，自己的潛意識發生了怎樣的變化，而這種變化究竟是從哪裡來的。」

聽了我的話以後，朋友一頭霧水，希望我能夠指點迷津。

我說：「如果按照心理學的角度來說，你想偷，來自於你本能的慾望，你希望快速廉價的得到這件東西，而盡可能的不付出任何的代價。這種想法，在每個人的潛意識裡都會存在，也不能說算是一種罪孽，只要我們之後理智的大腦能夠依照道德意識，良好的控制我們的行動，我們就不算是一個做了惡事的壞人。其二，之所以出現這樣的暗示，或許來源於自己更早期的一段經歷，這段經歷在你的潛意識中形成了微妙的體系，最終才會以這樣的一種思想呈現在大腦裡，既想為，而不敢為，結果攪渾了你內心的那一汪清水啊。」

後來透過幫朋友催眠尋找原因，我了解到原來在她還很小的時候，父母給她買了很多的玩具，和小朋友一起玩的時候，一些孩子就偷偷的把她的玩具拿走了。直到有一次，她終於抓住了一個偷東西的孩子，沒想到被那孩子家長知道了以後，當面就打了對方幾下，打得那孩子痛哭流涕。這一簡短的經歷，讓朋友的潛意識發生了變化，她覺得，偷東西是件很實惠快樂的事情，不用負擔什麼，就可以輕鬆得到。但是這種得到背後所要經歷的懲罰，後果很嚴重所以不能做，做了會挨罰，挨罰是很可怕的事情。

了解到了這一點，朋友一下子釋然了，她說：「玲玲，透過你的分析，我了解到了內心世界，自己最醜陋的那一部分，我的占有慾支撐著我偷的渴望，而害怕懲罰則令我感受到了恐慌，我並不是因為道德意識不去做這件事，而是因為內心對懲罰的害怕才沒有做這件事啊。」

「所以了解了自己就要放輕鬆，這樣的小問題，每個人都會遇到，關鍵是你真正的用心察覺到，觀察到，讓自己不加掩飾不做逃避的站在自己面前。親愛的，外面沒有別人，只有我們自己，自己對自己又有什麼不能坦誠的呢？這個世界上最了解你的，就是你這顆心，接受一切，承擔起責任，又有什麼了不起的呢？」

人生多要經歷的大事不多，多半都是一些芝麻大的小事，但正是這些小事，時不時的就渾濁了我們的內心，一個猝不及防，沒處理好，就成了磕絆自己一生的糾結。所以想要做好自己，想要讓自己心如止水的過生活，就要努力的靜觀自己，看看真實的自己到底是什麼樣子。老實說，這需要勇氣，不需要過多的解釋，當我們全然的接受一切以後，就會發現，當思緒清澈，行動透明的自己重新步入生活的時候，眼前的一切都變了，我們不再為很多米粒大的困惑所折磨，而是可以輕鬆的說：「沒錯，曾經的我就是這樣，但是眼下可以不是了。」

在黑夜，與那個不安的自己待一會

很多人都害怕黑夜，宛如黑夜意味著死亡，每當夜深人靜的時候，那種萬籟俱寂的感覺著實令人恐慌，人們會瞬時的想，假如這個世界有一天沒有了我，會變成什麼樣子？或許世界並不會有什麼變化，而這對於我又將意味著什麼？在我的職業生涯中遇到過很多睡覺也不關燈的人，他們說自己一到深夜就會本能的陷入恐慌，所以一定要讓家裡的燈全都亮著，否則自己會非常不安，呼吸局促，好像明天再也不會醒來一樣。

諸如此類的不安，或許在生命中的某一個瞬間，我們都曾經經歷，讓周邊的一切漆黑一片，心中總會不由的形成諸多負面的概念，而就心理學而言，所謂的概念無非來自於自己的意識，黑夜始終存在，而概念確實可以變動調節的，倘若一切的不安都根源於我們心底對黑夜的未知，那麼從這一刻開始，用嶄新的理解去面對它，即便是在最黑暗的時刻，也可以有一份平靜的心情，靜靜的呵護自己，與心裡的不安好好的待一會。

前段時間有個年輕人找我，說他被一個問題困擾住了，這個問題讓他一到晚上就寢食難安，而且越想越恐怖，那就是死亡。這個問題已經困擾自己很久，從小時候就有了，那時候他對死的概念很抽象，父母說死亡就是什麼也沒有了，這個世界的一切都與自己無關，自己的思維意識會停止，化為一片虛無。那個時候他仰著頭，好奇的問：「那我還能到遊樂園玩嗎？」媽媽肯定的答案是：「不能了，遊樂園裡已經沒你了。」「那我還能看見媽媽爸爸嗎？」「不能了，因為這個世界的一切都與你無關了，親愛的，每個人都會有這一天，爸爸媽媽也會經歷到。」媽媽說。聽了這樣的答案，這個可愛的男孩頓時接受不了「哇」的一聲哭出來，也就從那一刻開始，死亡無形的恐懼就開始伴隨他成長。

年輕人告訴我，每當夜深人靜的時候，自己就會害怕，害怕死亡這一天的來臨，他發現有些時候人距離死亡很近，明明看似還有一段路，可說不定就在明天，世界上的一切就再也與你無關了。

「誰也不敢保證自己不會遭遇車禍、疾病，甚至謀殺。」年輕人說：「所以隨著我年齡越大，我心裡的強迫感和恐懼感就越強烈。我會努力的做事，盡可能活得充實，我很擔心下一天我就與這個可愛的世界無關，而我想做的一切還沒有做完。我常常覺得自己對黑夜無能為力，黑夜的顏色很容易讓人聯想起死亡，於是我的睡眠一直有問題，我的靈魂始終在不甘心的矛盾中備受折磨，或許我真的很難對這件事做好百分之百的準備，我不甘心自己如此鮮活的生命，就會這樣死去。」年輕人一邊說一邊擦拭著眼淚，然後抱歉的對我說：「玲玲老師，讓您見笑了，儘管這個問題看起來很深邃，但它就是我心裡始終都難以釋懷的問題，我也覺得自己可能因為它而產生了心理的問題，但我不知道怎麼才能化解內心的不安，或者說它是一種不安全感。」

我聽了年輕人的講述，微笑著拉著他的手，把他帶到了一個黑暗且沒有燈光的屋子，此時的他精神忽然緊張起來，手心也因為恐懼開始冒涼氣。他盡可能淡定說：「玲玲老師，這裡可能不適合交流，我們能不能換個地方？」但是我卻態度堅決的告訴他：「不可以，每個人都應該學會如何面對黑暗，治療你心理問題的第一步，就是學會讓自己與黑暗相處，讓自己能夠在這個黑暗的空間裡，安然的面對一切。如果你已經準備好，就讓我們開始下一步的心理旅程好嗎？」

「好……好吧！既然已經來了，就隨您怎麼處置吧！」年輕人帶著焦慮的說道。

聽到他要求繼續的決定，我平和的說：「假如死亡與黑暗相連，那麼我們首先要學會的就是度過黑暗，因為你相信黑暗過後，總是有光明的，而死亡在我看來也未必是那麼可怕的事情，它或許意味著一種重生，只不過這種重生的過程是你一直都還不了解的。其實在我看來，我們每天都在經歷著死亡，每一年都有一個全新的蛻變，也就是說，在看似有限的一段人生旅途中我們已經無數次與死亡相遇，上天給了我們充足的時間去認識和接受它，它不是我們最該害怕的東西，而是我們生命形成中的旅伴，引導著我們不斷探究生命源頭的動力，你覺得不是這樣子嗎？」

聽了這話，年輕人的手稍微抽動了一下說：「能說得再透澈一點嗎？我真的還沒有吸收到其中的奧義。」

「其實我們的每一天就是一個小四季，早上起來的時候是春天，如孩童般富有朝氣，上午是夏天，如青年般精力旺盛，下午就到了秋天，如中年般享受著纍纍碩果可冥冥中卻感受到了衰老的跡象，到了晚上也就猶如寒冬，這個時候的自己宛如暮年，疲倦衰老即將面對死亡，而到了深夜我們入眠的時候，一場輪迴就這樣走了一遭，你或許沒有意識到它是死亡，而事實上，這就是上帝的一種創造，昨天的自己一去不復返，今天的自己是嶄新的。這就是死亡給我們帶來的寓意所在，既然每一天都在經歷，自己卻在這場蛻變中越變越美好，那又有什麼可害怕的呢？用心的去享受自己的每一天，在漫漫的黑夜中保持微笑，等待全新自己的來臨，難道這樣的人生旅程不美好嗎？」

「可死亡真的象徵著重生嗎？」男孩繼續追問道。

聽到他略顯稚氣的聲音我笑著說：「當然，我們的人體每天都有無數的細胞在面對死亡和重生，而當下的你卻是那麼的有活力，即便是有一天我們真的走到了人生的盡頭，也無非是像他們一樣，要完成下一個過程的生命重組，到那個時候又是一個嶄新的開始，而那一刻的美好，只有我們走到那一刻才能知道。不過親愛的，現在你大可不必為那一天而過分操心，你連眼下的生命作業都還沒有完成，就想跳級嗎？那肯定是不可能的。好啦！現在你還怕黑嗎？如果不介意，我準備把窗簾拉開了。」

「不怕了！謝謝您。」年輕人真誠的說道。於是我站起身，拉開了窗簾，陽光順著窗折射進屋子，我看到了一張綻放笑容的臉。

這個世界上本沒有那麼多我們恐懼的內容，我們不過是上帝的一個作品，來到這個世界是為了更好的享受人生，儘管生命中有太多的課題和未知，但這不應該成為我們在黑夜輾轉不安的理由。假如有一天這種不安的感覺真的來到我們的生活，那就在最深邃的夜徹底去擁抱接受它，告訴自己當下的一切都過去了，自己在完善一天的輪迴中最後的程序，與那個不安的自己多待一會然後互道晚安，明天的自己依舊是嶄新的、獨一無二的美好。

第八章
餵養你的靈魂，給它最有價值的補給

順著意願指引的方向，

尋找屬於自己的天堂，

突破思維的定勢，

在女神智慧的觀照下，餵養飢餓的靈魂。

拋開「受害者」假惺惺的身分，

用一雙慧眼抓住知識的養分，

平淡世界裡，從此有了光環絢爛的陪伴。

每個人心中都有一個內在女神

小時候看漫畫，其中有一句話到現在都記憶猶新：「每個人的世界裡，都有一個屬於自己的女神，她會保護她，給她力量，直到我們能戰勝我們自己，直到我們靈魂充分回歸的那一刻……」是啊，在我們每個人心中都深藏著神性的光輝，它散發著五彩的氣息，總是會給我們帶來出其不意的禮贈，起初我們並不知道自己還有如此強大的能力，能夠在墜入懸崖之前長出一雙天使般的羽翼，起初我們不知道自己有如此美好的奇遇，能夠在赤手空拳的時候，天然的長出一身堅不可摧的鎧甲，然而這一切就這樣意想不到的發生了，女神帶著皎潔的微笑，輕輕的撫摸著我們的頭，撫慰著我們的傷痛，把我們一個個的帶回到小孩子的世界，回歸到聖潔美好的伊甸園裡。

曾經和一個朋友聊過這樣一件事：「你說人之初，是性本善還是性本惡呢？」朋友想了想說：「應該是性本善吧，古文裡不都是這麼講的嗎？」我搖搖頭說：「我覺得人從初始的時候，生命中都有一個天使，一個魔鬼，他們彼此爭鬥著，從而形成了諸多的莫名煩惱，是所以有些壞事我們想做而沒有做，有些意識我們存在卻沒有落實，完全在於我們內在靈性的指引，她會用本能的感受去指引你，告訴你怎樣可以讓自己變得更好，她引導著我們放棄魔鬼的設計，棄惡從善，一切看似是我們自己的選擇，其實更源於我們本有的神性，一種始終保持聖潔，包容和愛的神性，她有母親一般的慈悲，是守護我們靈魂至善的內在女神。」

沒錯，在每個人的內心世界裡，都有一個屬於我們自己的內在女神，她沒有形象，卻拓寬了我們無盡的想像，我們渴望親近她，渴望和她永遠的在一起，卻常常因為各種原因將自己迷失在了世界的某個角落。每當失落的時候，我們都希望這個內在女神能夠出現，我們可以得到她親切的擁抱，可以得到她百分之百的理解，但這在很多人眼中不過是一種自欺欺人的假象。很多人開始覺得，這個世界唯一靠得住的只有自己。乍一聽這話也不錯，可為什麼當我們摒棄了對於美好世界的追逐，在夜深人靜的時候，會有這麼多盞燈無處安眠？原因就在於，他們失去了自己靈魂的依託，並因為這份失去喪失了本有的安全感。

女神是可以給我們安全感的，她化身在我們生活的方方面面，乃至於你引用的每一滴水，看到的每一個畫面，吃進去的每一份食物，思考的每一個片段，倘若你願意，她都可以與你相依相伴。人生最有樂趣的一件事就是用人性與自己的靈性交流，而這種交流，就是你本人與女神之間的溝通。你可以想像你就是她，也可以將自己徹底融入她的生命。當她切實的成為了我們生命的一部分，你會發現自己看待問題的角度和境界正在悄然的發生變化，眼前的一切變得鮮活起來，讓你忍不住愛上她，並對自己、生命、愛有了全新的認識。

想像一下吧，假如你的生命中真的有這樣一個願意無私幫助自己的人，每天用慈悲和愛與你一起經營生命，她全然的接受了你，包容了你的所有惡習和壞毛病，把你一步步引到了一個快樂美好的世界，與你風雨同舟，並肩作戰，運用你的智慧，引導你解決困惑和難題，倘若真的如此，那將是怎樣一件幸福的事情。而事實上，這樣能給我們帶來幸福的女神就藏匿在我們的心裡，等待著我們的發現。想想吧，我們有多長時間沒有好好的與自己交流，對眼前她給予我們的賜福視而不見，我們只有在飽嘗痛苦的時候才期待她的出現，卻沒有意識到，要對生命中種種美好的一切心懷感恩。我們總覺得一切都是理所應當的，卻因此失去了太多的快樂和安全感。

人生在世，究竟有幾個人會永遠在那裡為你默默守候，所謂的神性，說得直白一點，無外乎是一種引導你向更美好方向前進的內在動力。她不斷的鼓舞著我們，支持著我們，給我們帶來動力和驚喜。我們一邊順從著她的安排，一邊又順從著內心深處的不安。出於人性的不完美，我們時不時的就會出現躁動，我們對所得到的一切產生質疑，面對不願意接受的結果手足無措，卻無法控制它們向前推進。儘管就很多人而言，我們相信天堂的存在，卻從來沒有對那個美好世界抱以任何期待，正是因為在至善觀念上的迷失，讓我們一次次與內在女神擦肩而過，而她也只好站在那裡靜靜的看著這一切，等待著我們靈性回歸的那一刻。

所以，人生最重要的一件事，就是不斷的自我察覺，我們不可否認生命中存在不完美的成分，但其中最重要的是我們沒有因為這些不完美而迷失了自己。或許有一天，當我們轉過身的時候，就會遇到那個更強大的自己，而此時內在的女神正與我們同在，護佑著這條寶貴的靈魂。我們用全部的力量與她合併，在這個世間不斷的創造善意與美好，我們可以在慈悲與期待中醞釀機遇，緊皺的眉頭也在這一刻重新舒展，而就在此時一切美好的光環都降臨到了這個世界，每個人都因為你的存在而綻放笑容，而這將會是一個人有生以來最大的成就感。

順應意願的力量，找到靈魂的天堂

人生最得意的事情，就是在有限的時光中，按照自己的意願一一來過。或許在我們的思緒中，曾經有過各式各樣美好藍圖的版本，可等到思緒回歸現實，卻只能對眼前的一切望洋興嘆。於是乎，我們感慨，按照自己意願活一次怎麼這麼難？別人的評論、環境的壓迫，乃至於周遭種種的影響，都莫名的給我們的身心加重了負擔，於是乎，意念中的想像越是美好，現實的自己就越是會痛苦，因為不能像自己想像的那樣活，對當下的一切有著諸多的不滿和無奈，於是意志消沉，欣賞不到陽光燦爛，靈魂找不到天堂。我們會覺得此時的自己，陷入到了無比黑暗的境地，只能依靠大腦那一點點期待，藉著微弱的燈光，逕自取暖，而這一微光背後，依舊寒氣襲人，每每意識到這一切，不免心中要打一個寒顫。

很多時候，我們都會問自己，現在的生活真的是自己想要的嗎？即便是暫時性的衣食無憂，我這輩子也只能這樣了嗎？每天上班渾渾噩噩，重複著同樣的動作，重複著同樣的事情，朝九晚五，上班下班，不知不覺歲月蹉跎。儘管我們相信這個世界上一定有一個自己，做著自己不敢做的事，享受著我們想要的生活，卻怎麼也無法讓自己相信那真的就是當下的自己。這種痛苦糾纏在內心中反反覆覆，乃至於慢慢覺得人生無趣，實現夢想的希望渺茫，最終一點點的淪落、下降，放棄了本來的自己，混淆於現實之中，說不上快樂也談不上悲傷。曾經有一個朋友說：「眼下的日子，雖不是自己想要的，卻也能將就著活，甚至說活得不賴，只不過不是自己想像中的樣子，不是心裡的版本，時不時的沮喪遺憾，但這又有什麼辦法？」

於是我陷入了認真的思考，人這輩子，真的不可以按照自己的意願過人生嗎？究竟是什麼阻礙了我們意願的落實？是天災、是環境，還是僅僅在於我們自己？人的慾念越多，在選擇道路的時候就越是會煩惱，這些慾念就像雲霧一樣散布在我們的心底，影響著我們的判斷，以至於我們想抓卻抓不住，想放又放不下，時間長了以後便形成了困擾，覺得一切都是不真實的，自己在一個不真實的想像中活得很辛苦，卻忘記了，倘若我們可以不在乎這些，雲中便會有太陽將自己的世界照得通明，這個世界撥雲見日不是奇蹟，只是我們的心混亂了，忘記了自己最初的意願，也忘記了本來的自己。

其實夜深人靜的時候，很多人都會陷入恐慌，我們時不時的在問自己：「難不成就這樣隨波逐流了嗎？難道生命中那個鮮活的自己，就這樣一點點遠去？」倘若有一天，我們真的聽不到心底的聲音，那將是一件多麼可怕的事情，可事實卻是我們每分每秒都在試圖背棄著自己，一邊眷戀他，一邊拋棄他，徘徊在渴望與失落之間，遊走於希望與絕望之中，我們發現自己越來越難以駕馭這個瀕臨麻木的自己，只不過時不時的會聽到幾聲內心的吶喊，頓時陷入恐慌，卻很難拿出實際的行動去改變這一切。

沒錯，每個人都希望用自己的方式經營好自己的生活，卻很少有人真正可以拿出膽量，有勇氣的將一切付諸行動。我們總是覺得一切都是不保險的，可保險的又不是我們想要的人生，這就形成了一種很難解決的矛盾，跨出改變的一步多半會影響到我們固有的安全感，但不跨出這一步，就根本看不到實現初心的未來。

苗苗是一個敢作敢為的女孩，二十五歲的她就實現了年薪二百五十萬的夢想，從職業發展前景來說空間無比遼闊，而在這無數羨慕的眼光中，苗苗卻一點也不快樂，她告訴我，她有一個心願，就是能夠在有生之年走遍世界的每一個角落。而如今的自己，每天為了事業奔忙，覺得已然越來越沒有自我，於是她想到了辭職，儘管很多的朋友聽到這一決定的時候，覺得她儼然是瘋了，可是她就想這麼做，覺得此生不按照自己的方式活一把，就枉費了來此一遭的目的。

於是，就在上週，這個女孩義無反顧的向上級遞上了辭職信，然後買了一張去馬爾地夫的單程機票，她說想給自己一個前所未有的生活空間，感受一下自己意願中的生活究竟是什麼樣子。於是乎她就這樣踏上了自己的旅程，在社群軟體中，這個可愛的女孩，晒出了在馬爾地夫的各種靚照，照片裡的她笑得很開心，笑得很甜美。

從馬爾地夫回來以後，苗苗便創辦了自己的自媒體平臺，專門介紹世界各地的景色和美食，推薦給粉絲各種好玩的路線，以及別具風味的餐廳，不知不覺，原本嘗試著玩玩的她卻因此獲得了嶄新的事業，世界各地的餐廳紛紛找她來為自己做宣傳，而她也無形中因為創辦了這個平臺而招攬了各路的旅友粉絲。就這樣生意做得越來越好，而外出旅行成為了她工作生活的一部分，她告訴我：「這種感覺實在太棒了！我真心的希望它能成為我生活的全部，每天都能見到不一樣的精彩，每一天都是嶄新而美好的一天。」

就人生而言，時間就擺在那裡，怎麼活完全是自己的事情，想要過得開心，我們就要從心裡認準什麼才是自己想要的天堂，通往天堂的路是什麼樣的，為了能夠到達這裡，我們應該做出怎樣的選擇和犧牲，倘若在你的心中這種意願已經上升到最重要最重要的部分，那麼不容置疑，它必然是你當行的路，路就在腳下，要看你怎麼邁開腿，毫不遲疑還是有猶猶豫豫。儘管看完這篇文章後，誰也無法左右你的選擇，但真誠的希望此刻的你能做出改變，畢竟相信自身意願的力量，你才有力氣找回明天，朝拜心中最美的天堂。

會馴化慾望的人，最容易找到幸福。人活在這個世間，大半部分的時間都是以慾望作為支撐的，因為有東西想得到，因為內心的那份追逐，才讓我們的人生越能感受到存在和真實。然而慾望太多，或是太過凌亂，心中難免就會平添很多的煩惱，究竟應該順從哪一種慾望，究竟這些慾望背後能給自己帶來什麼，在很多人的意識概念中都是未知。我們渴望達成自己的慾望，渴望透過慾望看到幸福，可倘若這時候對這一切難以駕馭，就很容易順勢的成為慾望的奴隸，到時候不要說幸福，就連自己的形象也變得越來越模糊，慾望會改變我們原本的心志，無形中讓我們活成了另外一個人，我們在中間興奮、追逐、渴望、苦惱，直到一切步入情景的時候才恍然大悟，自己哪裡去了？那個鮮活的自己哪裡去了？慾望無形中讓我們拋棄了自己，而我們卻在整個過程中渾然不知，生命中最可怕的事情也莫過於如此了吧？

在我看來，慾望是一種能量，它沒有偏重，也沒有情感，倘若會利用，它就可以引導你尋覓到自己的理想，關鍵要看你能不能成為自己能量的主人。我常常說，想讓能量屬於自己，就需要有一個馴化的過程，這個世界不缺乏機遇，機遇很可能在接下來的三秒鐘就會呈現在你的眼前，關鍵的一點在於你是不是需要它，能不能抓住它，能不能將自身的慾望與真正想要的一切加以銜接。我們可以問問自己，在人生從生到死的這段旅程中，自己最想做的事情是什麼？有多少時間和精力能夠去做這件事，倘若這件事能夠實現，我們能擁有多麼強烈的幸福感。有了這樣明確的分析，我們才知道對眼前的一切做出選擇。這個世界能夠促成成功的能量和條件有千千萬萬，而別人對成功的概念未必就是自己的成功，我們需要找到自己、看清自己，了解到內心真實的渴望和需要，才不至於在慾念叢生的世界找不到方向，最終循環往復、歲月蹉跎，卻終究沒能實現自己的願望。

凡凡是一個面容清麗的女孩，第一次見到她的時候，她就對我說：「姐，我發現我的慾望好多好強烈啊，當我步入這個大城市的時候，對擦身而過充斥貴氣的人們心懷羨慕，對這裡霓虹燈下五彩的世界心生嚮往，那時候我覺得，但凡是美好的，但凡可以促成我達成某種成功的，我都想要。可一句都想要以後，我卻越來越找不到自己了。我努力的工作賺錢，我努力的參加上流人士的晚宴和聚會，我不斷的試圖透過表現自己來得到別人的注意，只要有一絲機遇的跡像我都不會放棄，可最終追來追去，追得自己疲憊不堪，卻什麼也沒得到。這個時候我開始沮喪，我覺得自己的命運是如此的悲哀，為什麼別人可以成功，上天卻不給我一次機會呢？因為我把所有的目光集中在大大小小的機會上，便不再有精力好好的豐富我自己，慢慢的我覺得自己空洞了，覺得自己的明天還是不是屬於自己的，於是終日把自己困在房間裡，無所事事的滑著手機，我覺得自己憂鬱了，越來越迷戀黑色，越來越傾向於入眠，清晨太陽光通明的照射讓我恐懼，內心萌生的慾望不再對我發揮作用，我因為失去了我自己而沮喪，我不知道怎麼面對嶄新的一天，也不知道自己還能不能贏得嶄新的生活。」

聽了她的話，我很理解她當下的處境，一個來大城市打拚的孩子，對機遇充滿渴望，對成功充滿期待是很容易理解的。但有一個關鍵點，她沒有意識到，想要運用這種慾望為自己服務，就必須事先找到開啟這扇門的鑰匙。這個世界上沒有兩片相同的樹葉，慾望引領的門有千千萬萬，誰也不可能全部拿下，更不可能看到其中所有的風景。於是我提醒她：「親愛的，如果這個世界上真的有芝麻開門，你覺得開啟這扇門的鑰匙應該是什麼？」

「機遇。」凡凡毫不遲疑的回答：「有了機遇，就能收穫一個嶄新的自我，看到與之前截然不同的風景。」

「那麼把握機遇的鑰匙又是什麼呢？」我又問道。

「說不上來。」凡凡說道。

「在我看來，真正可以把握機遇的金鑰匙，就是你的內在天賦，為了能夠強大它的功能，你首先必須先正視自己，找到自己。」我答道：「當醫生未必做得好飯，當廚師的未必有文筆，而有文筆的作家恐怕最擅長的也僅僅是寫作。但不管怎樣，只要我們找到了自己的內在天賦，並以它來不斷的駕馭自己的慾望和機遇，那麼顯而易見，幸福不會遠離你，幸福的喜悅就在身後。」

其實成為自己生命的主人很容易，無非搞清楚三件事，我是誰？我要做什麼？為什麼要這麼做。搞清楚了這三件事，對自己的內心不再困惑，就毫不遲疑的運用周身全部的能量去做，給自己的意願一個最完美的呈現。人生從開始到結束，是生命軌跡必然的經歷，儘管經歷的事情不同，但對於每個人來說都是公平的，我們需要贏得幸福感支撐我們走下去，同時也需要頭腦清晰，認清自己手裡的每一張牌。所以，倘若你覺得自己的天賦才能能夠駕馭自己的慾望，而這種強烈的能量在之後的之後都能得到長久的延續，那麼從現在開始，不要遲疑，勇敢的做下去，因為方向決定未來，只要認準了它，幸福自然會在不覺間光臨到門前，一刻都不會耽擱。

橫掃「受害者」的干擾

這個世界快樂起來難，但想要悲傷卻遠比前者容易的多，因為想得到成為了虛妄，很多人都一點點的陷入人生的沉默。當初那個敢愛、敢付出的自己消失了，剩下的是一個面目全非的自己，我們不斷的舔拭著自己的傷口，不再關心外面的世界，並不是因為自己內在的那顆心死了，而是覺得對於明天的一切已經不再抱任何幻想了。不知道從什麼時候起，我們將自己歸類到了「受害者」的行列，我們覺得外界的一切都對不起自己，自己就是那個最受傷害的人，我們散播著自己的無力，渴望著別人的同情，卻因為稀疏的關切而倍感無助，於是乎我們徹底深陷到了社會的現實裡，受害者的思想干擾了我們的思緒，而我們卻與它緊緊相隨。憂鬱的情緒在這種凝重的氛圍中應運而生，以至於前方的路被一股強烈陰雨遮蔽了，眼前的路不再清晰，而我們儼然已經閉起了眼睛，不在乎此時此刻，是白天還是夜晚。

其實很多時候，我們都自覺不自覺的將自己歸類到無助「受害者」的位置，面對眼下的一切，每當感受到無力的時候，就覺得是天不遂人願，自己一切都輸給了老天爺，也沒有意識到，就在他說出這些話的時候，儘管四周是漆黑的，天上仍然有一盞明月在守候著他。是他錯過了心上美景的心境，而不是老天要以怎樣怎樣的方式去虐待誰。

痛苦在身體上是一種感受，在精神上是一種概念，每當這種感受和概念碰到了一切，我們就會覺得深陷到了一股強烈的負能量裡，我們會將全部的注意力集中在痛苦世界，卻沒有意識到，就在這痛苦之外，依然充斥著活靈活現的快樂，只是我們不再願意去感受它，也不再奢求去感受它，我們一味的在這種上癮的負面感受中翻來覆去，卻最終什麼也得不到，直到後來痛得無力了，再也無法承擔了，才突然意識到自己錯過的一切，此時的我們對這種錯過懊惱不已，於是乎又陷入了新一輪的傷害。

甜甜前段時間剛失戀，出於撫慰，我親自登門去看望她。輕輕敲了下門，門沒有鎖，自然的就開了，從外向裡望去，眼前的空間一片狼籍，衣服橫七豎八的凌亂放置著，廁所裡泛著微弱的燈光和刺鼻的味道。房間的光線被拉上的窗簾遮蔽的嚴嚴實實，四周萬籟俱寂，沒有一點聲音。甜甜就這樣一個人躺在床上，蓬亂著頭髮，時不時的流下淚來，她不想說話，也很多天沒有吃東西，廚房裡的冰箱空空如也，全身無力的她看到我卻沒有任何反應，場面著實讓人心疼。

「甜甜你怎麼把你自己搞成這樣子？」我關切的問道。

甜甜沒有說話，只是不住的流著眼淚，她將眼睛轉向了另外一個方向，啟動了碎了螢幕卻還能將就著用的手機，看了一下日期，喃喃的自言自語道：「七天，他已經離開七天了。」

「你還在想他？」我問道。

「不想想，卻沒法不想，感覺整個房間裡到處都是他的影子，整個狀態都是凌亂的，沒有了時間空間概念，我總覺得他會回來，可是再也不會回來了。我試圖凌亂我自己，讓眼前的一切變成另外的樣子，卻還是無法控制這種痛苦，我覺得這就是老天爺要罰我，老天爺要用情感罰死我啊。」說道這裡，甜甜開始抱頭痛哭起來，而坐在她旁邊的我，一時之間也不知道該說什麼，幸虧多少還有點老本行的定力，否則還真不知道怎麼駕馭這個局面。

「甜甜，別在這樣痛上癮了，想想吧，曾經的你是什麼樣子？未來的你會不會覺得眼下的自己很傻？不過是一段感情的結束，真的就要因為這個把自己推向『受害者』的位置嗎？問題已經出了，結局是兩個人不適合，那不適合就有不適合的結果。雖然承擔這份結果需要擁有一定的勇氣，但從這種結果中走出來以後，你會發現原來自己什麼都沒有失去。」

「我失去了什麼只有我自己知道。」

「那總不能將所有的注意力長期集中在你的失去上吧，好好的正視一下自己當下還擁有的，親愛的，你仍然是一個富足的人，你那麼漂亮，工作又那麼出色，即便是和他分開也不缺乏豐富的追求者，你對朋友肝膽相照，很多的人都期待著你的回歸。你有著一對非常慈愛的父母，他們絕對不會希望，自己的女兒長時間身處在這樣的境地，他們希望你快樂幸福，你並不是一個缺少愛的人。」

「可是……可是我……」

「問題已經出了，就不要再對他抱以怎樣的奢望，因為我們的希望在前方，在那個充滿快樂和愛的前方，我們不是可憐的『受害者』，要在別人的同情中惶惶度日，我們是自己的勇敢者戰士，時刻保持理智，思路清晰的解決著自己的問題，我們完全可以排除掉舊傷的干擾，迎接生命中嶄新的一頁，所以，如果你不介意的話，我把窗簾拉開了。」

窗簾拉開的那一瞬，和暖的陽光撒在了床上，灑在了甜甜的臉上，她眯起眼睛，打量著天空，突然臉上映襯出了久違的笑容。

所謂的「受害者」情節，無非是想讓我們承認自己很受傷，無非是想好好的打擊一下我們的鬥志，無非是想讓我們周身冰冷，在某個陰暗的角落久久不願離去。掌握了它的特性，接下來的事情就是掌握我們自己，如果眼前是痛苦的，就沒必要要用自己的表現去再加一層痛苦，如果眼前的一切令人絕望，不妨將眼睛轉移到另一個方向，去看看尚未消失的多彩世界，這一切都可以很好的幫助我們轉化心情，或許這時候我們才發現，世界如此遼闊，之所以看不到幸福，不過是因為我們痛上了癮，並在這種狀態中待了太久太久。

靈感被壓制？不要急！你有富足的內在。當一個人身處於底層的時候，他內心最大的渴望不外乎食物與物質，然而當他漸漸生活富足的時候，他的內心就開始嚮往更精緻的精神生活，人類偉大的進步就是從豐富物質轉移到了豐富精神。對於這個世界來說，只有當我們每個人達到內心的富足時，真正的幸福感和成就感才會一點點的湧動出來，讓我們享受到活著的美好意義和價值。

正所謂，有人的地方就會有文明，富足的內心總可以找到各種巧妙的管道抒發它內在的情感，假如它能長期保持活力，那麼人類就會在不斷的湧現幸福感的同時，不斷的昇華自我創造力，源源不斷的享受到來自於自己靈感創意的成果。但如果有一天這種美好的內在枯竭了，因為過多的需要被快速掏空了，我們又應該如何進行自我修復，繼續帶著微笑活出自己的創意新生呢？

阿滿是個藝術家，曾經的他可以說憑藉自己手裡的一支畫筆打向了世界，他的畫一經推出就受到了很多國際人士的關注，當時的他被大家認為是新生的太陽，線條之間顯露著獨特的美感和朝氣，筆鋒清新，富有深刻的無聲內涵，讓人忍不住要站在這幅畫前多駐足觀賞一番，宛如從中看到了一個嶄新的世界。

那段時間阿滿可謂是多產的，他的思維活躍，總有很多新穎的創意點子，這讓他顧不上吃飯，顧不上睡覺，每天興奮的在畫室裡畫著，好像對自己作品有說不完的情話。而大眾也在每天期待著他的新作，期待著這位靈性畫家非同凡響的創意。

本來覺得這樣的狀態可以一直延續下去，內心的創造力可以源源不斷的湧現到老，阿滿也可以在其中沉迷作畫一輩子，永遠不知疲倦的做個響噹噹的藝術家。可突然一天，阿滿發現自己內心的靈感不再像以前那樣配合工作了，他開始受到思維的局限，審美的局限，感覺自己的線條也伴隨著這種局限不再富有靈動感，他很想再像以前那樣作畫，可怎麼也找不到狀態，宛如一個魔鬼附了體，開始嚴重的限制了他創作的爆發力，以至於一幅畫還沒有問世，已經讓他感覺到了太多不滿意。就這樣經歷了很長一段時間，儘管外界不斷的敦促他推出新作，但他卻始終難以拿出自己滿意的作品。那種思維的禁錮感，嚴重的傷害到了他的內心，曾經想要在畫面上表達的千言萬語，瞬間被封了口，成為了一堆糟糕的色彩和線條。這嚴重的影響到了阿滿的情緒，直到有一天他忍無可忍的摔掉畫筆，一個人蹲在地上像個孩子一樣無助的哭泣起來。「我病了，我一定是病了」他用嘴巴一次次的重複著，隨後拿起手機撥打了我這個心理諮商師老友的電話。

「玲玲，怎麼辦？我感覺我的思維被局限著、摧殘著，感覺在經歷一場黑色的謀殺，我表達不出想表達的東西，一作畫的時候只覺得頭被一個大夾子給禁錮了，身體頓時出現緊張、煩躁，我總是覺得大腦猶如泰山壓頂，靈感剛要迸發出來，就瞬間的被壓制，直到化為了烏有，而我什麼也做不了，就只能看著這一切，經歷著這一切，然後筆頭的畫越來越死板僵硬，馬上就要喪失本有的靈性。我不想因為作畫而作畫，我要的是畫面的生命力，我以前從來都不曾經歷過這樣的情況，感覺改變就在瞬間，一下子我就從天堂貶進了地獄，我該怎麼辦？我創作的生命力到哪裡去了，曾經的自己是不是去世了，現在的自己是那麼面目可憎，我還那麼年輕，還可以給這個世界創造那麼多美好的畫作，可是現在我突然變成了這個樣子，我想我一定是心理上出了問題，所以你一定要救我，不然我真的要活不下去了。」

我聽了他的話，安慰他道：「雖然我不知道您在作畫的時候狀態是什麼樣，但是從您剛才的表述看您對自身藝術感覺的描述不存在任何問題，至少聽了您的表達我眼前馬上就能浮現出一幅抽象而充滿深刻思想的畫卷。至於您說思維受到了局限，感覺靈感被壓制了，我覺得或許問題不出在魔鬼，而出在您對自己的要求，因為您曾經的新作，一浪高過一浪，您總是把這次的至高點，當做另一幅畫作的新起點，以至於壓力一天比一天大，或許這件事您自己不覺得，但它卻可能無形中給您的大腦傳遞了錯誤的訊息，以至於最終恐懼、不安、憂鬱，一個個都來了。人越是在這種負面影響的包圍下，越是不容易分泌幸福快樂的感覺，這時我們可以嘗試將一切暫時放下，努力的去降低這種感覺給我們造成的負面能量，並將自己每一天的感情和感覺做一個系統的記錄。在我看來，與其現在去研究新畫，不如屏氣凝神，用您手中的畫筆將目前這種躁動不安、忙慌失措的感覺描繪出來，說不定那將是又一個著名的成就，出於真情實感，也就更容易讓大家產生共鳴，而自己的內心也因此得到舒展。這是一個不斷與自己達成和解的過程，當我們不斷對靈魂抱以理解和關愛，美好的感覺自然會重新回到我們身邊，而那所謂的魔鬼症狀都是可以伴著回歸的幸福感而消散的。」

阿滿聽了我的話，沉默良久只說了一句話：「謝謝，我會努力的。」三個月以後，他的新作面世，引起欣賞者的一片譁然，大家都說，從這幅畫上看到了一個藝術家的苦悶，也認識到了一個與自己想像中截然不同的阿滿。

有些時候人就是這樣，我們常常會在某一個瞬間被自己的假象所矇蔽，就像讀完了書，別人不過隨便提了一下其中的內容，自己一時反應不過來，就開始陷入悲觀，覺得這段看書的時間是白費了，而事實上文字的力量早已融入進了你的骨子裡，成為了你精神世界的根基，轉化成了專屬於你自己的食糧。所以假如有一天突然感覺到靈性枯竭，先不要慌，去讀幾頁書，榨上一杯酸甜可口的果汁，告訴自己生活處處皆藝術。只要我們真正愛上了生活，靈性與美感就絕對不會離開，它始終會與我們相知相伴，直到永恆。

第九章
啊哈！不完美才是真正的完美

悲歡離合之中，陰晴圓缺之下，

一路前行的路遭遇著種種的困境，

原本不完美的路，

卻在岔道口看到了別樣的風景，

急功近利的爭取，只能換來病態的完美，

幸福的羅盤中，

少了滴答的急切，更顯生動、別緻。

陰晴圓缺，最精緻的精神晴雨表

「為什麼我什麼都做不好？」

「對於這個世界來說，或許我是一個無用的。」

「如果我這樣做，未來可能會惹下不少的麻煩。哦，我的天啊，我的麻煩為什麼總是那麼多。」

「本來一切都棒極了，就因為我的出現，哦，一切變得糟糕極了。」

在生活中的你，或許多多少少都莫名的有過這樣的感覺，明明陽光明媚的一天，不知道怎麼在自己情緒的轉變下出現了霧霾，整個狀態因為自己信念的改變而變得消沉。我們經常覺得，自己在某種場合出現就是一種麻煩，於是開始越來越緊張，越來越茫然，不管怎麼待著都不自在。有些時候，我們極力的想成全一件事，卻難免經歷一場陰晴圓缺，總是覺得哪裡不對，卻說不上來，最終把一切缺陷的罪過都歸給了自己，於是身體變得沉重了，大腦變得空曠了，整個人都變得沒有精神，喪失了本來的陽光和智慧，我們體驗著這種難以言說的痛苦，在自己的晴雨表裡，畫上了多雲的字樣，然後回過頭，懷著僥倖心理窺視著自己的內心，暗示自己一切並沒有想像中那麼糟，可它究竟是怎樣，究竟給我們帶來了什麼，都是一種不確定，而越是不確定，就越是讓人恐懼，越是讓人不知所措，情緒的起落，外界環境的變化，究竟怎樣才能把自己的心安定下來？究竟怎麼做，才能對眼前的一切坦然面對，這不是一件容易的事，卻成為了我們每天都要面對的事。

我們會因為一件小事而歡喜，也常會因為一些小事而悲傷，人生就在一張晴雨表間變換著天氣，我們習慣了這種變化的無常，也在這種無常中用各種信念定義著自己，有些時候，我們企圖做出改變，卻習慣了自己固有的樣子，之所以想要改變而沒有付諸行動，是因為這種狀態能給自己帶來安全感，我們既渴望改變，又恐懼改變，於是產生了情緒的跌宕，我們時不時的會在心底嘲笑我們的無能，卻又習慣性的在這種無力感下過人生。慢慢的，我們開始習慣性的用各種負面的評價評定自己，一邊吸收這負能量，一邊在午夜時分失眠哭泣，我們覺得自己做得不夠好，儘管第二天仍然會整理行裝，好似滿懷憧憬的推門而出。我們努力的呈現給別人富有熱情的一面，但卻在內心深處站在一個孤獨的角落，把各種矛盾、傷感，留給了自己。

其實在每一個人的世界裡，都有屬於自己的精神晴雨表，我們渴望讓自己的人生活得更精緻，希望自己每一天經歷的都是晴天，可卻在本來可以的那一刻，選擇了退縮。不管怎樣，在我們的認知裡，我們並沒有好好的經營我們自己，以至於很多問題發生的時候，我們都沒有找到切實可行的答案。在我們的整個生命世界裡，存續著各式各樣的問題，有些與我們的當下有關，而有些卻忽然間上升到了很高的層次，讓自己都覺得望洋興嘆、懸而不及。可不管怎樣，想把自己的生命過得深刻，也並不是一件容易的事情。多少人在晴雨表上渾渾噩噩的標注著日期，卻很少有人把自己每分每秒描繪得清明。生命時不時會以某種殘缺的現象公示著世間的不完美，而我們，在這樣陰晴圓缺的外在環境中渴望活出屬於自己的精緻。

所以，是時候考慮如何正確的面對自己的人生了，儘管我們知道，這輩子終將經歷諸多的不圓滿，卻總該讓自己找到一種滿懷憧憬的感覺，在我們的精神世界，本該充斥著各種靚麗的風景，那裡空氣清新，太陽高照，不管真實的世界如何陰雨綿綿，我們都不會用一句「糟透了」來形容自己，因為我們知道，一切事情的發生與收尾都是由自己創造的，儘管生命有它無常的一部分，我們卻有這個能力創造一個不賴的結果。

所以，找出一張白紙，適時的做個筆記，記錄下自己一天的心情和思緒，在無人的夜晚，與自己來一場促膝長談，我們會在梳理自己的過程中得到真知，會開始意識到如何用正確的方法梳理我們的心情，守靜的思緒能夠讓我們看到真實的自己，也能夠給自己真摯的愛和體貼，沒有誰不需要這種自己給自己帶來的溫暖，我們不斷的回答心中的疑問，也在這種疑問中窺探者自己的心緒，而這一切就是當下最為重要的一刻。

那麼怎樣來定製自己的精神晴雨表呢？其實方法很簡單，找一個精緻的本子，記錄下自己這一天的心情，記錄下自己經歷的事情，然後告訴自己，今天的一切都不能代替明天嶄新的開始，一切總會過去，倘若快樂，就讓這種快樂多延續一段時間，倘若苦悶，就讓這種苦悶戛然而止，我們可以用自己的語言，在夜深人靜的時候擁抱自己，落款寫上一些激勵自己暖心的話。我們可以提出自己的一些觀點和問題，然後像做心理測驗一樣一一進行作答，倘若不知道怎麼樣回答，不妨讓自己的心停靠一會，閉上眼睛，聽一曲悠揚的音樂，放空自己的思緒，讓新的智慧注入到自己的靈魂裡。

其實人生的過程，就是在晴雨表中自我消化的過程，我們消化著自己的經歷，消化著自己的心緒，消化著自己的思想，也消化著衝動和嚮往。倘若我們真的為自己承擔起了百分之百的責任，就不會恐懼擔心上天對自己每一天的安排，不管是痛苦，還是快樂，都可以平靜的去接納它、承受它，並從中尋找到屬於自己的財富。生命是一張無形的尋寶圖，單從這一點來看，就會覺得趣味無窮，鋪開精神晴雨表下的畫面，我們會發現自己神通到可以駕馭自己心緒的天氣，可以在任何時候邁開尋覓自己未來的腳步，一切都不會阻擋我們前進的脈絡，我們在尋寶，也在尋寶的過程中體會，那將是怎樣一番陰晴圓缺，自己去經歷，因為只有經歷才能說明一切。

假如負能量突如其來，你將怎樣應對呢？

這個世界充滿了未知，不管你計劃的有多周密，也難免會有一些自己意料之外的事情發生，古人將這種現象稱為：「變數」。正所謂兵來將擋，水來土掩，一件規劃落實到細節，執行需要的是更靈活的思路和頭腦。很多事情就是這樣，不知不覺的就偏離了我們預先設計的軌道，明明自己覺得落實起來沒問題，可關鍵時刻還是給自己來了一個措手不及。這讓很多人瞬間開始緊張起來，失常的狀態讓自己頓時倍感狼狽，此時的負能量就好像是泰山壓頂，一時間壓得我們滿臉蒼白，不知道下一步該怎麼辦，更不知道該如何扭轉局面。

珠心是一位民營企業的老闆，隨著自己的企業越做越大，出席公眾場合的次數也越來越多了，看著別人都能在講臺上侃侃而談，她的內心深處也開始對那個萬人矚目的講臺心生嚮往。最終機會終於來了，在幾千觀眾的凝視下，珠心慢慢走上了演講臺，這個經歷了無數驚濤駭浪的女人，本來覺得自己可以妙語如珠，與大眾很自然的分享自己的經歷，可沒想到剛一站在講臺上，自己就懵了，此時的她心跳開始加速，手開始顫抖，靈魂瞬間一片空洞，手腳冒出冷汗，開口說話都成了問題，正當她試圖向前走一步緩解一下壓力的時候，腿頓覺一軟，讓她一下跪在了講臺上，臺下的觀眾一片譁然，而她的心更加緊張了，正當她試圖努力站起來的時候，主持人已經上來打圓場：「各位來賓朋友，我們珠心女士趕了一夜的飛機，到現在還沒空出時間休息，她很重視我們的這次活動，但以她目前身體的狀況，可能不適合講太多的話，但我們仍然很感激她來到我們的現場，與我們一同分享……」

回憶起那段經歷，珠心的表情仍舊無比緊張，她告訴我：「那時候我自己，根本就已經聽不清楚主持人的話，只覺得從臺下上來了兩個人，把我攙扶著帶下了臺，而那時候的我雙手還在顫抖，隱約還能聽到自己心臟砰砰跳的聲音，腦海中的第一反應就是：『完了，這下可丟了大臉了。』玲玲，你說我是怎麼了？這些年經歷了那麼多的風雨我都沒有怕過，即便是遇到再強悍的對手，說話也能鏗鏘有力擲地有聲，怎麼一到了千人講臺上，自己就怕成那樣？我覺得我的靈魂一定是有缺陷的，在細節執行力上有問題。你說我是不是有舞臺恐懼症？如果這病不治的話，未來我會在經營企業上遇到很大麻煩的，所以你一定要幫我。」

聽了珠心的講述，我笑著安撫她說：「主要原因還是在於您對自己靈魂的駕馭能力，那個千人舞臺是您始終感到陌生而嚮往的地方，因為過於嚮往所以渴望在上面擁有最完美的展現，這本沒什麼錯，可面對陌生的環境，我們內心的假我很容易給我們寧靜的靈魂製造騷亂，傳遞出各式各樣的虛假資訊，比如擔憂、忐忑、不安、焦慮等，以至於您還沒有上臺，已經被各種負能量包圍了，再加上自己對這個嶄新的領域並不是非常熟悉，一瞬間自我意識被負能量催眠，心因為過度緊張而供血不足，也就最後造成了您在講臺上的那一幕。」

「那我該怎麼辦呢？」珠心焦急的問道。

「首先全然的接受這次經歷，不再在成功與失敗間對自己施加更多的評判。」我說：「只有當您的心徹底對這段經歷放下，您的靈魂才能恢復對自己的正念知覺，其次，想要擺脫這份內心的恐懼，就不要選擇逃避，而是要針對這個自我感知困境，進行自我全方位的磨練，讓自己努力的適應這個空間，充分的吸收這一嶄新領域內的強大正能量，讓自己在不斷熟悉的過程中累積信心。正所謂身經百戰的將軍從不畏懼戰場，剛入行的新兵看見死人就害怕，說的就是這個道理，您現在最要緊的就是要在這個講臺上突破內心的障礙，不斷的去適應它、感受它、熟悉它，直到自己再不恐懼，直到可以淡定從容的面對一切，這樣自己自然就不會再被負能量束縛了。」

此時的珠心陷入了沉思，我下意識的端給她一杯水說：「我的建議是，主動的去經歷類似的環境，讓自己在反覆的經歷中慢慢消除自己內心的不安，把那裡看成一個再正常不過的地方，時間一長，緊張的頻率就會慢慢的降下來，內心也會越來越平靜，這時候再在臺前講話肯定就不緊張了。因為此時的自己已經明白，自己只需要站在聚光燈下盡情表達自我，說出自己想說的話，除此之外一切都與己無關，所謂的觀眾全部都是你表達空間裡的附屬品，你始終都在引導他們，而不是讓他們牽動你。」

很多人都說自己常常在受另一種能量的牽絆，當這種負能量在身體裡氾濫的時候，自己對靈魂就會失去駕馭能力，整個人都變得緊張起來，不知道當時的自己做了些什麼。其實出現這樣問題的主要原因還是在於我們內心的定力，一件事只要沒有按照自己的規劃行進，心裡就開始發慌，不知道下一步該怎麼辦，這顯然是不行的。在這個充滿變數的時代，靈魂更需要的是一個富有應變能力的大腦，它才是主導我們破除恐慌走向成功的CEO，即便事情的發展超出了我們的意料之外，只要相信自己，沉著應對，一切自然會在我們平穩的狀態中峰迴路轉，雲淡風輕。

不完整的地圖，更容易帶來驚喜

一次自駕出遊，眼看導航上馬上就要到目的地，結果走到半路地圖上卻沒有標注了，這時候心裡開始著急，到底現在是把車開到哪裡去了？只見窗戶外邊到處都是綠油油的稻田，路邊還開著各色精緻的野花，可當時自己的心思卻根本不在上面，似乎根本就沒有那份閒情逸致去關心外面美不勝收的風景。此時此刻，我的內心充滿了恐慌，而這種恐慌來自於我對導航地圖不完整性的質疑，以及對四周陌生境況的不安，腦子反反覆覆重複的都是：「怎麼辦」汽油不夠了怎麼辦？找不到旅館怎麼辦？萬一路上遇到壞人怎麼辦？天黑了還是找不到回去的路怎麼辦。種種這般一個接一個的怎麼辦，侵襲著我的大腦，以至於身體都變得越來越緊張，行動也越來越趨向低能。

這時候心裡有個聲音開始提醒我：「既然已經來了，再怎麼緊張擔心也無濟於事，不如讓自己平靜下來，隨遇而安，外面那麼美的景色，為什麼不靜下來欣賞一番呢？反正自己是來旅遊的，旅遊不就是為了欣賞美景嗎？說不定過一會這美好的一切就能帶著你看到轉機呢？」

於是，我開始努力的放下內心的不安，把車子停在路邊，打開車門，看著那藍天白雲下一眼望不到邊的稻田，聽著小鳥的歡歌，欣賞著路邊嬌小的野花，我用手機與這美麗的一切合照，然後在社群軟體發布了這樣一條資訊：

旅遊走到半路，導航莫名的把我帶到了這裡，前方通向哪裡還都處於未知，我卻已經決定稍作停留的在這裡欣賞美景，這是計劃之外的旅遊內容，這讓我發現即便是地圖再不完整，也不是一件多麼糟糕的事，這或許是老天爺要給我另外一份驚喜，而在這驚喜面前我只需要好好享受就可以了。我目前的位置應該就在這裡，我給大家發一個連結，如果有熟悉路況的，趕緊跟我連繫，我需要找一家不錯的旅館，洗澡好好休息。

指尖按下送出鍵以後，我便將路線不明的煩惱拋到九霄雲外，在車裡放上了自己喜歡的音樂，拿出後車箱的美食，獨自坐在車裡咀嚼著，實話說這是自己有生以來吃過的最特別的一餐，眼前是陌生的美景，而自己就是那個突然闖進這幅畫裡的人。

過了一會，朋友姜淼的電話打來，他詢問了我一番我一路上見到的標誌性建築物，又詢問了一些之前遇到的導航地圖指示內容，隨後他笑著給出答案：「目前來講，你的位置和方向都沒有錯誤，只要你順著這條道往前開，再開上十公里應該就能到他們的市區，到時候你再搜尋飯店和加油站，應該都不是什麼問題，實在不行……反正你鼻子底下有嘴，到時候自己去問吧。」聽了他的話，我一下子激動起來，內心滿載的全是希望，在和眼前的一切留下最後一張合照以後，我踩上油門，開始在路上狂奔起來，新鮮的空氣透過窗戶吸進我的肺裡，讓我頓時神清氣爽，精神百倍。

果不其然，開了不到五公里的時候，導航恢復正常狀態，我順利地把車開到了市區，喧鬧的繁華沖淡了方才的鄉土氣息，整個上空瀰漫的是富有現代韻味的新城市感。我順利地找到了旅館，也順利的找到了加油站，還順利的發現了藏匿在這座小城區裡的文物古蹟和博物館，一切都是那麼自然而然，水到渠成，我花費了兩天的時間在這座城裡開心的旅行玩味，眼前帶給我的，是一個又一個驚喜。

透過這件事，我感觸到，假如人生是一趟旅行，那麼行走的過程中總會有或多或少的不期而遇，這往往會產生一種假象，引著讓我們對自己懷疑，是不是自己走錯了路？是不是自己的方向感出了問題？我會不會因此到不了想去的地方？為此我們焦慮、悲傷，甚至絕望，卻沒有意識到一切其實都是我們自己在嚇唬自己。

上天有時候就是喜歡跟我們開這樣的玩笑，但這並不意味著我們眼前所面對的另一番景色不夠美好。人生駕馭的旅程地圖本身就是不完美的，如果一切都是已知，必然會讓我們的生命少了很多的樂趣。相比之下我還是喜歡帶著一顆孩子的童真和好奇，去經歷、去觀摩、去欣賞，不管這個世界向我展現怎樣的角度，我都會帶著微笑不斷的為它點讚，感激它給我帶來的一個又一個驚喜，感激它賦予我如此這般奇特的相遇。

生命最先教會我們的除了強而有力的目標性，還有一種隨遇而安的淡然，世界那麼大，萬事萬物需要怎樣的機緣才能聚焦到你的面前？與其去擔心、去排斥，不如帶著微笑去欣賞、去接受，說不定下一站要比你想像的美好的多。我們應該相信，凡所遇到的，都是生命的美意，假如人生是一張單程票，這些美意就是我們生命中絕對不能錯過的部分，總有那麼多出其不意，卻又讓人在驚喜連連中一見傾心。

再急於求成，也無法一步登天

曾經看到過這樣一個寓言故事：

從前有一位一心想早日成名的少年拜一位劍術頗有造詣的高人為師。少年剛一入門便迫不及待的向老師請教說：「師父以我現在的基礎，多久才能學成。」老師看了看他回答說：「十年。」少年覺得十年實在太長了，便又不甘心的問：「老師如果我全力以赴，夜以繼日的練習，要多久才能成名呢。」老師瞟了他一眼不屑的說：「那就要三十年。」少年聽了還是不死心，頓了頓之後又接著問：「那如果我拚死修練需要多久呢？」老師聽後轉過身不再看他說：「七十年。」

有一次和朋友聊天，他問我這個時代目前最注重的是什麼？我笑著說：「具體我也說不清楚，科技？美麗？經濟？高標準的生活狀態？」他搖搖頭說：「你說的這一切確實很重要，但它們都是在為一件事工作，那就是效率。這是一個講效率的時代，如果你的頭腦和四肢跟不上時代的效率，那麼唯一的路就是被淘汰。」

「啊！怪不得現在有那麼多人急於求成，都是陷入了這樣的引導失誤啊！」我笑著說：「我覺得真正的成功最看重不應該僅僅是效率，因為效率是很容易提升的，一個人對某件事熟練到一定程度，速度自然會加快，但要想同時提高品質，恐怕就沒有那麼容易了。效率可以讓這個世界泡沫化，但品質卻可以不斷的讓這個時代提升，這才是最核心的部分。人生也好，企業也罷，效率可以是一件華而不實的東西，但品質的內在驅動力、儲備力，卻可以成為我們迎接未來世界最核心的競爭力，這樣的競爭力是急不得的，需要一步一個腳印堅實的走下去，稍有懈怠就很難達到自己的目的，說不定還會影響到整個前進的程序。」聽了我的話，朋友也笑著點點頭。

整個世界有太多人急於求成，他們忘記了成功需要培育，總希望今天播下種子，明天就能種出西瓜，那是絕對不可能的事情。著名股神巴菲特，能夠做到為一支股票按兵不動等待十年，這樣的耐力與定力，最終讓他成為股票市場屹立不倒的長青樹。這一切冥冥之中都在告訴我們：「成功急不得，想贏的真正的長久效率，就不要做欲速則不達的傻事。」

曾經有這樣一個男孩來我的工作室，一進門我就看到他一臉焦慮，我問他為什麼表情這麼凝重，他坐下來認真的對我說：「玲玲老師，我感覺自己似乎得了強迫症，我每天都在鞭策自己，我告訴自己一定要成功，而且要很快，為此我付出了很多的努力，我希望成功的這一天能趕快到來，可不得不承認，目前想實現成功實在是太遙遠了，為此我壓力重重，不知道怎樣才能讓自己步入正軌，快速實現我的願望。」

於是我問他究竟遇到了什麼樣的困難，自己想要的成功是什麼樣子的。他想了想向我道出了自己的故事：「很久以前我就一直想開一家屬於自己的公司，經營自己非常熱愛的遊戲程式業務，為此我在上大學的時候特意填了電腦系，並在幾年的大學時光裡對程式設計進行努力的學習。畢業之後我就想快速的成立自己的公司，可公司成立還不到三個月就面臨了破產的危機，我心裡很著急，我太想成功，太想對這個世界證明自己，在我的家族中揚眉吐氣，我想讓自己生活工作的更有效率，我想發明出人人都不會拒絕的有趣遊戲專案，可是現在我真的不知道從哪裡下手，我努力了，但是失敗了，我為我的失敗寢食難安，我根本接受不了這個現實，我不知道下一步該怎麼辦？難道真的要放棄我心中渴望成功的這個夢了嗎？」

聽了男孩講述，我覺得有必要幫他整理一下自己的思路，於是認真的對他說：「目前聽你說了這麼多，你重複最多的就是渴望成功，但是目前的你心裡只有一個渴望成功的終極目標，卻缺乏實現這個目標的切實步驟，你太急於求成了，著急到渴望一步登天，那是不現實的，我們對於成功的成就感不能用這種方式去找。相反如果你能安下心來認真將這個大目標，分解成一個個階梯式的小目標，然後在一步步的將他們實現，反而實現目標速度要比你目前的狀態快，因為人除了知道自己要做什麼，還要明白自己應該怎麼做，這樣才能把自己腦海中的一切落到實處。」

看到男孩沉默的樣子，我繼續說：「其實我覺得要想實現你終極目標，你至少需要走好這樣幾步路，第一，扎實的程式設計功底，第二，豐富的市場調查，第三，任職於專業遊戲企業的實習經驗，第四，不斷吸收豐富的經營理念，第五，志同道合的合作夥伴，第六，實力雄厚的投資方，第七，經驗豐富，實作力，執行力兼具的員工，第八，充滿自信和活力的企業文化，第九，有效的部門交際和部門溝通。第十，切實有效的企業制度……當然啦，還有很多細節需要你進行系統的規劃和深度的思考，這樣你要做的事情才不至於那麼空洞，而你在進行第一次創業的時候真的想到這些了嗎？在這個世界上想好了再去做和先做再去想有本質上的差別，與其急於求成，不入多花些時間好好思考怎麼做。這個世界上沒有一拍腦袋一切就能實現的道理，想做成一件事，自己心裡先要有主心骨啊！」

急於求成就好比一棟三天建造起來的房子，看上去跟一年建造起來的一樣，卻經不起時間的考驗，人總是因為太著急，而不顧及事物內在品質的重要性，以至於最終力氣沒少費，卻怎麼也達不到預期的目的，結果努力半天建造的全是豆腐渣工程，沒有一點實質價值，這樣不是很可悲嗎？所以，每當我們腦袋一熱的時候，一定要記得提醒自己，把步伐放緩一點，這樣走起來才會更堅實，也更輕鬆，人生在世，做事情不是做給別人看，所以不管做什麼至少要做到讓自己滿意，專注於事情的時候，慢一點又能慢到哪裡去，假如這件事因為自己這麼慢一點而達到穩固的效果和作用，那麼相比於揠苗助長的效果，當下所做的一切都是值得的。

沒有指標的幸福羅盤

曾經看過這樣一個故事：

從前有一隻小狗，牠不知道幸福是什麼，也不知道幸福在哪裡，於是牠跑去問媽媽：「媽媽，媽媽，什麼是幸福，幸福在哪裡？」媽媽看著牠笑著說：「幸福是一種美好的感覺，它就在你的尾巴上。」於是小狗很開心，牠渴望抓到幸福，於是每天對著尾巴轉圈，渴望抓到尾巴上的幸福卻怎麼也抓不到。於是牠開始苦惱起來，覺得自己這一輩子都無法抓住幸福了。此時媽媽看透了牠的心思，安慰牠道：「幸福用不著你費那麼大力氣去抓去找，只要自己朝前走，幸福就在你身後啊！」

幸福是一個沒有指標的羅盤，一個人幸不幸福完全在於他看待世界的眼界和心態，有些人明明很幸福，可是他卻長時間的陷入在悲觀絕望中，有些人在別人眼中生活的很苦，可他卻每天都幸福的載歌載舞，由此可見，幸福這件事並不是用金錢就能衡量的東西，它來自於我們的內心，來自於我們更高層級的精神世界，我們本來可以輕而易舉的得到它，可太多的人卻沒有意識到這一點，深陷於自己劃定的沼澤，帶著悲觀的心慢慢的偏離了幸福的方向。

小時候，父母曾經給我講過這樣一個故事：

從前一個父親有兩個孩子，一個很樂觀，一個很悲觀，父親想讓他們的性格互補，所以就做了一個實驗，他把悲觀的孩子放在一個陽光通透的，裝滿玩具的房間，把樂觀的孩子放在了堆滿糞便的糞堆，看看他們會有怎樣的改變。過了大概半個小時，父親打開悲觀孩子所在的房間，發現他正坐在那裡難過的哭泣。父親不解的問：「你為什麼哭啊？難道這裡不好玩嗎？」「這裡是好玩。」悲觀的孩子哭道：「爸爸，我不知道你為什麼要把握放在這樣陽光通透的大屋子裡，只有我一個人，還給我那麼多的玩具，你是不是不要我了？我因為這件事越想越害怕，越想越傷感，於是就哭了。」父親聽了搖搖頭，什麼都沒說離開了。

接著父親又來到了樂觀孩子待的糞堆，只見樂觀的孩子正在那裡玩得好開心，簡直活生生的一個尋寶專家。這時候父親問：「你有什麼好高興的啊？在糞堆裡還玩得那麼開心。」只見樂觀的孩子抬起頭說：「爸爸，我在尋寶呢？這件事實在是太神奇了，我想您是愛我的，您不會平白無故的把我放在這裡，裡面一定有玩具，我正在這裡探尋玩具的下落，這件事真的超有意思。」父親聽了點點頭，臉上露出了滿意的微笑。

記得那個時候每當聽完爸媽講的這個故事，他們都會問：「你覺得你是那個樂觀的孩子，還是悲觀的孩子呢？」而我總是會自信滿滿的說：「不管什麼時候，我都是那個在糞堆裡找玩具的快樂孩子。」是啊，人生並不長，笑也是一天，哭也是一天，為什麼不讓自己更開心的生活呢。只可惜現在很多人就是想不開，他們會因為沒擠上首發車而懊惱，會因為同事的一句無心話而壓抑，會因為不小心摔破了一個玻璃杯而緊張，會因為男朋友回的一句：「我很忙」而忐忑，這一切嚴重的降低了我們一天的幸福指數，細細想來究竟有什麼必要呢？

人生最大的幸福是做自己想做的事情多於自己不想做的事情，這話一出很多人就開始抱怨起來：「你這都是閒扯，我想住私人別墅，坐豪華包機，我也想做這些事啊！」每當這個時候，我都不禁冷笑，心裡在說：「難不成沒有私人別墅、豪華包機，你就覺得人生慘淡，生活空虛，一切美好的事情都對你毫無意義了嗎？」

我曾經遇到過這樣一個女孩，起初來到我這裡的時候告訴我，自己一點都不幸福，她總覺得自己一切都不如別人，收入不如別人、長相不如別人、讀的書也不如別人，能力、交際各方面都不是很優秀。這樣的自我概念讓她長期的陷入悲觀，以至於當美好的一切向她招手的時候，她總是會一個人停滯不前的在那裡猶豫，生怕不優秀的自己會把這一切搞砸。她坦承的告訴我，起先她有一個很喜歡的男孩，但每次見到他的時候，她都不好意思跟他說話，總覺得不夠優秀的自己配不上他。之後對方有了自己的女朋友，她真的好一番的傷心，然後又把自己不優秀的一切拿出來晒，直到晒得自己疼痛難忍為止。

聽到她的故事，我鼓勵她努力的去做自己喜歡的事情，不要再在自己優秀不優秀這件事情上過分糾纏。我對她說：「如果今天真的很想吃一根冰棒，那麼不要猶豫，立刻滿足自己內心對於酸甜味道的嚮往，如果今天喜歡上了一個人，那麼不要猶豫，勇敢的把自己的感受告訴他，至少自己做了才不會覺得後悔，如果覺得自己在某些地方需要完善，那就不要遲疑，立刻採取行動，不管別人怎麼看你，只專注你自己怎麼看自己。慢慢的你會發現你透過自己的努力圓滿了內心無數的嚮往，這種感覺就叫幸福，隨著你的這種成就感越來越多，你整個人的狀態必然會發生改變，而到那個時候美好的自己就悄無聲息的步入現實了。」

如今這個女孩已經完成了自己優秀的學業，有了屬於自己幸福的家庭，身材和相貌也發生了驚人的改變，整個人已經真正實現了脫胎換骨的蛻變，這讓她的每一天活得都無比喜悅、無比放鬆。她告訴我：「人生是要為自己活的，現在我真的對當下的自己很滿意，我還會繼續努力，因為我相信我還會更出色。」

得到幸福就是這麼簡單，稍微轉變一下看待問題的角度，你就能發現一個與眾不同的世界。幸福是一種感覺，它沒有一個籠統的概念，標準就在我們自己的心裡，從小事出發，當這種內心的喜悅感一點點的昇華，你會突然發現原來自己一步步上升的那麼快，每一天都伴隨著新的開始和進步。讓我們將這種感覺長久的存續在心裡，讓不斷加熱的它蔓延到身體的每一根神經，從此做一個幸福快樂的人，人生走此一遭，還有什麼比這更重要的嗎？

冬

白雪皚皚，松柏肅靜，

沉寂中的蛻變，絕境中的涅槃

不期而遇的境地，

是誰將希望保留心間，

破繭成蝶間，有誰頓悟了真理？

種種的痛苦，無非是一念間的自我糾纏。

第十章
不期而遇的境界，我把你放在了心裡

多少匆匆而過的身影，
卻在追逐中忘記了本真的強大，
假如一切都是一場夢境的演繹，
何不自在的給予全新詮釋，
真理與光明從來不曾對立，
開啟靈感的窗，
讓外面寧靜的風，
好好地充實生命中的每個瞬間。

科技時代，別忽略了本我的強大

隨著時代的買進，人類將迎來人工智慧時代，這讓我們有更多的東西可以依賴，人本身就是存在惰性的，一旦一切能很快又很有效率的解決，就不會再願意對這領域有更多的投入，最終時間長了，我們發現自己對自己所能做的事情越來越不自信，以至於嘴巴裡常常說：「沒有電腦，我怎麼寫報告？」、「沒有即時通訊軟體我就不會跟你溝通」、「現在沒有行動支付，我就根本享受不了購物」、「沒有語音翻譯，我怎麼周遊世界」……由此可以推斷出，假如有一天世界停電，人們要過上原始的、點蠟燭的生活，恐怕很多工作都要瞬間陷入癱瘓了。

遙想我們的父輩，即便是用手裡的字典一個一個的查，也能寫出一篇相當精彩的論文報告，即便是自己一個人悶在屋子裡自學，出來也可以對著不同國家的外國人侃侃而談，即便當時科技並不發達，但只要是一張嘴，就能一句頂一萬句，這才絕對是真功夫，曾經的人是在不斷的深度挖掘著自我，而現在的人正在浮躁和懶惰下利用科技遺忘著自己本有的能力，這真的有點可怕。

曾經就有一個剛上大學的學生，她來到我這裡的目的是覺得自己在英語學習上遭遇瓶頸，怎麼也過不了關，這讓她擔心自己會因此畢不了業。

她對我說：「玲玲老師，我覺得英語這門科目真實太難學了，每天要背那麼多的內容，而我又對文法掌握的不夠，文章讀起來也不能貫通，我覺得我應該找一個厲害的老師一對一的給我講講課，但是費用卻很高，之前我也上過一些培訓班，還報過線上課程，結果都不理想，聽得一頭霧水，還沒有機會提問，我還下載了很多學習英語的軟體，結果也都用不上，我的成績還是那樣按兵不動，沒有任何變化，這讓我著急透了，到底該怎麼辦呢？時間一長，我對自己越來越沒自信了，您說假如有一天能發明出來一個翻譯神器，我想說什麼透過它立刻翻譯成各種國家的語言該有多好？我很焦慮，所以找到您，您幫我解決解決心理問題吧，或許心理上突破了，我後續的成績也能提高了。」

說實話，聽完這個學生的話，我真的很生氣，年紀輕輕，只要想學，一定會學得很快的，關鍵還是在於不用心，總是注重手裡的軟體設施齊備，卻忘了真正的硬體是自己。於是我平靜了一下內心對她說：「你想知道玲玲老師大學的時候怎麼學習的英語嗎？那個時候，沒有現在這麼多的軟體設施，我們唯一能靠的就是我們自己，當時我手裡只有兩本大學英語教材，翻來覆去的看了很多遍，之後又買到了一本舊的老英漢詞典，拿著這個詞典又是每天來回的翻，就這樣什麼文法啊單字啊，通通都搞定了，到了考試的時候照樣能夠取得好成績。跟你比起來，或許主要的差別在於，我相信的是我自己，而你相信的是外界的助力。」

我看了看她緊皺的眉頭說：「我給你講個真實的故事，二戰時期有一個國家要向德國派遣一批特務，歐洲人從表面看是看不出什麼差別的，但一開口說話，只要自己露出馬腳，那就直接危及到了自己的生命。而這些被選擇好的特務，只有不到三個月的語言學習時間，那時候國家的軍官發下命令，過了三個月的語言期，淘汰者將視為逃兵直接槍斃，沒有任何退路。於是被選的特務就在這短短的三個月裡，將難學的德語通通駕馭的輕車熟路，感覺就像是本地人在說話。這是為什麼呢？因為在危急時刻，他們挖掘到了來自本我的潛能，他們求生的慾望促使他們開啟了精通學習語言的能力。而你現在遇到的問題，不在於你外界的環境，而在於你自己，你自己有沒有真正的相信你自己，有沒有忽略了你內心本我的強大？人的靈氣是與天地相合的，裡面存續的潛能和力量是無限強大的，如果要提出建議，我認為你應該嘗試不斷的開發自己的內在，努力的向內求，而不是無限量的向外尋求助力，這樣力量才會更集中，你不至於看到困難就想著退縮，沒有助力的存在就什麼也做不了。」

聽了我的話，女孩沉默了，看著她默默離去的身影，我衷心的希望她能夠明白我的用心。

佛家說一切為心造，可見我們內在的力量有多麼強大。世界的多元化發展出了無數新興的產業，他們的出現確實能讓我們享受到更周到、更細緻的服務，但同時我們所要付出的代價也是很高的，除非你能夠依靠本我的智慧給這個世界乃至自己創造更多的價值，否則服務產業越是擴張化、細緻化，你就越是會感覺到自我邊緣化。因為服務不是免費的，過分的成為服務的享樂者，只會讓你入不敷出，最終經濟越來越緊張，而自己發揮本我的空間也因為自己的惰性而受到局限。假如真到了自己想做做不成，請別人來做做不起的地步，這樣的結果才真正是可怕到家了。

科技時代的來臨，本來應該讓我們每個人都提高自我的緊迫感，因為這將預示著未來有更多的產業將被機器智慧化所取代，如果我們內在的本我沒有開發出來，不曾強大起來，只是一味的在智慧科技化的時代安於享受，那麼時間一長，荒廢的必然是我們自己，到那個時候再想怎麼樣補課，再想不淪為失業個體，也只有於事無補，長吁短嘆的份了。

假如一切皆是夢境

冬日的暖陽，讓看似寒冷的季節有了更多的期待，雖說人這輩子十有八九都在夢境，卻可以透過自己的努力，駕馭它的品質，讓它更為甜美，更為寧靜，充滿無盡的舒適和安全感。老子說世界的形成就是一生二，二生三，三生萬物。年少時的我對這個世界從何而來抱有著很大的探索興趣，所以也參閱了很多有趣的書籍，而隨著年齡的增加我漸漸覺得世界的形成就好像一個夢境，我們渴望它成為什麼樣子，宇宙間遊走的強大能量就會把它造成什麼樣子。

《聖經》的第一篇，〈創世紀〉曾經對上帝造世界有過這樣的描述：

起初神創造天地。

地是空虛混沌。淵面黑暗。神的靈執行在水面上。

神說，要有光，就有了光。神看光是好的，就把光暗分開了。

神稱光為晝，稱暗為夜。有晚上，有早晨，這是頭一日。

神說，諸水之間要有空氣，將水分為上下。

神就造出空氣，將空氣以下的水，空氣以上的水分開了。

事就這樣成了。神稱空氣為天。有晚上，有早晨，是第二日……

每當看到這段內容，心裡都會想，如此這般美好的世界，會不會本來源於上帝的一個神聖的夢境呢？仔細一看，裡面的內容與老子的：「一生二，二生三，三生萬物」真的很像，一為道，二為陰陽，三為陰陽間的交融互動，而在這陰陽互動中夢境就產生了，各類物種開始依照這互動間的強大力量，具備了各自的形態，擁有了別緻的身體，以及各不相同的精神意志。由此可以推斷出，我們的思想和意識是一個多麼龐大的能量場，只要我們能夠與宇宙的能量相合，讓內在的本我與外在的幻境相合，改變世界將會成為一件輕而易舉的事情。

或許這時候有人會說：「我們哪有那麼高的道行啊？我們又不可能到深山老林去修行。」這自然也是實話，但假如人生就是一場夢境，為什麼我們不能讓這場夢在自己的規劃下做得更加甜美、更加豐富、更加有趣呢？假如一切的本身都是由一場夢而來，我們不過是在這場夢境中扮演著自己意念中看似真實的角色，那又有什麼好慌張的呢？人在角色中過於投入，就會忘情，諸如慾望、痛苦、焦慮會源源不斷的隨著自己內心劇情的眼神侵襲到自己的精神，以至於最終各種悲劇情節一個一個的被編排著來到我們的世界，襲擊著我們的內心，我們的情緒在起起落落中掙扎，不知道什麼時候才能突破這樣的重圍，活得更美好的新生。

這本身就是我們夢境中的一種煉獄，本來很美好的一個夢卻被我們自己親手給毀了。我們總是下意識的對這個世界進行著自我評判，而當我們下意識覺得這件事百分之百就是這樣的時候，即便不是，那也百分之百的變成了我們想像中的樣子。生命旅程不過是一種能量聚焦的旅程，聚焦你想要的，你會得到，聚焦你不想要的，你也會得到。而聰明的人一定會努力的將自己的夢建設的無比完美，永恆的讓自己活在自己為自己建立的夢境花園裡，感覺幸福在一點一點的向自己靠近。

在我的職業生涯中，我遇到過很多不同類型的人，但有這樣一個人卻成為了我印象深刻的人物之一，她就是位居世界五百強企業高層的成功女性方麗。

方麗給人的感覺，是漂亮而幹練的，距離她還有五十公尺的距離，你就已經感覺到了她強大的磁場，這是一個很有魅力的女人，和她在一起你總能受益無窮。那天我們暢聊了很長時間，我問她為什麼能活出如此優秀的狀態，她想了想很認真的對我說：「其實，我不過是完善了自身的夢境，活成了自己意念中本來應該成為的樣子。」於是我向她請教是如何做到的，她笑笑說：「其實也很簡單，只要掌握幾個簡單的技巧，持之以恆就能輕鬆搞定。」

聽她這麼一說，我的興趣就提到了至高點，連忙開始向她取經，只見她從錢包裡拿出一張精美的小卡片遞給我看，上面簡單的記錄了目前她最想達到的幾個目標。隨後她富有親和力的說：「其實我的方法也很簡單，我每天早晨會先掏出這張小紙片，認真的閱讀至少三遍，然後閉上眼睛感受一番實現這一切願望後的幸福感覺，然後給自己畫上一個精美的妝，想像自己已經活在了成功的場景中，一切都已經成就的美好感覺裡。上班休息時間，我的休閒方式就是拿出這張精緻的小紙片，反覆的閱讀三遍以上，然後閉上眼睛重複早上的功課，這樣不但能夠讓我的身體得到休息，還可以強大自我內心的力量，讓自己的每一分鐘都過得充滿陽光。到了晚上臨睡之前，我照例會拿出這張小紙片，用心的閱讀，然後將它放在心口，繼續感覺來自宇宙正能量的補給，心中充滿喜悅，絕對可以做個好夢。」

方麗停了停，眼睛裡充滿了喜悅的光芒，感覺又下意識的經歷了一番喜悅的洗禮：「這樣的方法真的很好用，長時間的內心能量補給，讓我感覺自己真的具備了心想事成的能力，如今我的理想要麼已經實現，要麼正走在實現的路上。我每天都在為自己渴望的一切努力，而且擁有百分之百的憧憬與期待，那種感覺就像是一個孩子，在等待父親早已經準備好的禮物，實在是太令人興奮了。其實人生就是一場夢境，我們完全有能力讓這場夢境越做越美，將它建設成我們心目中滿意的樣子，只要持之以恆，只要永遠相信，相信就能成就。」

聽了方麗的話，我整個人也都充滿了勇氣和力量，是啊，一切本身不過是一場夢境，我們兩手空空的來，也將兩手空空的去，其間的過程無非是讓我們領悟到生命的真諦，帶著愉悅而幸福的心去好好享受一段屬於自己的暢快人生，既然夢境的時間有限，為什麼要用它來悲傷，製造無止境的仇恨和傷感呢？所以不如現在就做出決定，在有限的光陰下為自己的人生設計一個美麗而必將實現的夢，這是對自己的負責，也是對自己最真切的愛。

世界是寬容的，自由地解讀它吧

這個世界究竟是什麼樣子，每個人都有不同的理解，開心的時候我們覺得它是美好的，不開心的時候我們覺得它是黑暗的，但不管你怎麼解讀，它就在那裡，不言不語，宛如一個老者在向你微笑。這個時代讓地球年輕化，總是有很多創意，有很多新奇的事物湧現，對於世界而言，不是我們覺得它會是什麼樣子，而是我們應該把它創造成什麼樣子。

有些時候覺得世界好比是五顏六色的積木，每個人都可以拿起來發揮創意，搭建起屬於自己的美好天國，可遺憾的是，大多數人都是被動的搬運工，一味的依照著某種思維定式或他人引導在那裡工作著，直到有一天成果大功告成，他也並不覺得喜悅，而是一個人默默的躲在一個角落裡哭泣，覺得自己的工作是那麼不值得，一切美好都在被別人占據，卻忘記了世界已經給自己很多。

說到這裡，想起了這樣一個故事：

一天，一位宗教家路過一個規模龐大的工地，看到所有的工人都在那裡汗流浹背地工作著，這讓他很好奇，不知道這裡將要建成什麼。

於是，這位宗教家來到一位工人面前問道：「請問您在做什麼？」那位工人聽到特別沒好氣地說：「你沒看見嗎，我在賣苦力，搬磚頭呢？」

於是宗教家又來到第二個人面前問：「請問您在做什麼呢？」第二個

人狀態平和了很多，把手裡的磚砌齊，答道：「哦，我正在砌牆，每一個磚頭之間都要嚴絲合縫。」

於是，宗教家又找到了第三個人，問的問題還是：「請問您在做什麼？」只見第三個人神采奕奕，放下了手中的磚，用手裡的毛巾擦了擦頭上的汗，回答說：「哦，我正在參與建設一座神聖的大教堂，它一定會是這個世界上最美的教堂」第三個人一邊說著，臉上露出的是無比的幸福感。

十年以後，第一個人還是清苦的工人，第二個人成了專業技術的手工業者，而第三個人已經成為人人敬仰的牧師。

一個人對待事物的看法是很重要的，假如我們沒有帶著愉悅和美感在做事情，那麼這件事必然會在我們的懈怠下呈現出消極的一面，世間的萬物都有著屬於自己的語言，儘管作為人我們不可能全部聽到，也不可能全部了解，但假如我們帶著愛去看待世間的一切，經營世間的一切，美好的大門就會向我們敞開，一個嶄新的世界將擺在我們眼前，這時候的你一定會驚喜萬分，原來世界還可以如此美麗精彩。

曾經有一位修行很高的上師說：「佛看每一個眾生都是佛，所以無比尊敬，無比寬愛，所以他無時無刻都生活在佛的世界裡，而十方三世的所有眾生都喜愛他，仰慕他，尊重他，這就是境界的不同。而現實生活中的我們，面對彼此的時候，究竟把對方看成什麼呢？面對世界的時候又把世界看成什麼呢？境界的不同造就了喜悅和傷痛，有人讓自己永遠的活在了天堂，有人讓自己始終活在地獄。正所謂一念佛，一念魔，人生要想快樂，就要不斷的淨化自己，用愛的眼光看待世界，這樣才能長久的與佛相應，讓生命越來越完美，否則一旦被慾念所控制，就與魔鬼接上了線，時間長了就會迷失自己，看待世間的一切都是醜惡的，世界也在他們的眼中呈現出另外一副樣子，由此可見一切皆由心造，心定在哪裡，眼前的世界就定在哪裡。」

每次想到這，心都會寧靜下來，拉開窗簾，在通透的陽光下打量著外面的世界，外面是車水馬龍的，外面是霓虹閃耀的，外面是現實殘酷的，外面是危機與機遇並存的，外面是需要綠色的，外面是需要祥和幸福的，外面是應該讓人輕鬆自在的，外面是需要律法整治的……每個人的心中都對這個世界有不一樣的需求，以至於眼中的世界千差萬別各有不同，我們總是希望這個世界能給予我們點什麼，卻從來沒有花時間了解它的寬容，更沒有真正認真解讀過它，貼近過它，理解過它。

曾經的世界是一個水面清澈，四處綠植的靚麗藍色星球，而如今，我們人類究竟把這座美麗的星球改造成了什麼樣子？試想一下如果地球是一個人的狀態呈現，那現實中的它一定已經來到的癌症的早期，它的肺被工業感染著，它的血液被排放的汙水侵蝕著，它的心在人們的各式各樣的慾念下不斷的加速著蹦跳的頻率，它的肝臟因為綠植的砍伐即將變為一片荒漠，它的脾臟上建立起了無數的水泥森林，它的腎臟因為人們對礦物的過分開採而瀕臨失衡。但即便是這樣，它還是那麼的充滿慈愛，無怨無悔的關愛著這個世界上的每一個生靈，它用寬容的姿態試圖一點點的感動我們，始終堅定不移的引導著我們，暗示著我們，努力的讓我們知道在有限的生命中什麼是最重要的。比起傷痕累累的它，我們生命中所遇到的那些傷那些痛，又算得了什麼呢？

每當身邊找我進行心理諮商的朋友說自己多麼痛苦的時候，我都會引導他去走進自然，以旁觀者的角度打量這個世界，去體會這個世界對於自己的寬容、愛、和美好。我們不過是這個世間短暫的一瞬，而這美麗的星球，卻給了我們這麼多值得回味和珍惜的東西，所有的痛都可以在它的擁抱和撫慰下得以化解，只要我們真心的給予它同樣的愛，同樣的關切，放下自己的那點個人的是非曲折，不再抱怨，也不再記恨，保持微笑的將身邊的事看成是世界神聖工作的一部分，內心就必然不會再困惑和消極。

人生真正的滿足和幸福感，在你如何解讀世界的那一刻開始，世界就是這樣寬容和豁達，而你心目中的世界究竟應該是什麼樣子呢？

寧靜，真理還有光明

記得上學的時候，班上有一個憤怒青年的男同學說：「真理就是真理，它是無法用非議磨滅的。我們要背起自己的十字架，向著真理勇敢前行……」當時他說出這些話的時候，還贏得了四周不少崇拜者的追捧，遙想那段屬於青春的歲月，時不時的會讓我嘴角泛起笑意，那時候年少輕狂，以為為真理獻身才是生命最好的詮釋，卻不知道那些守住真理的人，內心深處究竟是什麼樣子，當時的我們想當然的覺得守住真理的唯一方法是一腔熱血，風風火火，而當我真正走向成熟，卻發現事情並非如我們想像的那樣。

其實，人活在這個世界上，絕對不能忽視了真理的存在。曾經有一位名人說：「假如一個人用自己的一生去堅守一份真理，那麼即便他的生命再短暫，也是有意義的，因為他已經和永生的真理站在了一起。」這話確實不錯，當下的時代，無時無刻不在考驗著我們的良知，考驗著我們對真理的忠誠。

正所謂君子有所為，有所不為，面對真理，每個人都應該秉持住內心的那份寧靜，因為它象徵著這個世界最至高的良善、美德和信仰。一個人可以被剝奪成就，但是不能被剝奪了良善，一個人可以被剝奪了工作，但不能被剝奪了美德，一個人可以失去一切，但唯獨不能失去信仰，原因很簡單，我們是活在真理世界裡，活生生的人，我們的內心燃燒的是對美好世界活生生的嚮往，只要我們對於追求真理的信念不死，即便失去得再多，也必將能獲得更豐碩的回報。

所以，讓我們真誠的在內心保有一份寧靜吧，它之所以安寧，是因為它身懷天地的博愛，是因為真理與光明的靈縈繞其間，假如內心堅定的話，再多的傷痛都無法干擾到這顆內在靈魂真實而純粹的快樂，想讓人生不迷惑，就從堅守真理開始。它不需要怎樣的大風大浪，沒有那麼多的波瀾起伏，它不過是平常得不能再平常的小事，只要把這件小事做好，一生的快樂清明就會帶著光，持續的照亮你，直到永遠。

點亮靈感，充實每個瞬間

現在有太多的人向我抱怨，覺得自己生活實在是無趣，每天千篇一律，做的都是同樣的事情，說的都是同樣的話，反反覆覆討論的都是一樣的話題，一切都那樣的死氣沉沉，絲毫找不到一點樂趣，於是腦子裡最多的念頭就是消極怠工，還不到下午五點，心已經在蠢蠢欲動，心想：「下班吧，下班吧！下班就解放了。」結果好不容易下班了，內心又開始鬱悶起來，心想：「哎！回去又要和老公討論千篇一律的話題，吃什麼？孩子有沒有安心做作業？衣服洗沒洗，真是無趣。」於是無趣的生活加上無趣的工作，也就把自己漸漸改造成了一個無趣的人。每天死氣沉沉，連臉上的表情都開始麻木起來，而內心充斥的是對於未來莫名的絕望和傷感，於是嘆口氣安慰自己說：「哎！就這麼過吧，一天天過吧，人生或許就是如此，大家都是這樣過著，我哪有那麼大的能力活成例外呢？」

其實，生活中是可以有很多情趣的，這些情趣與經濟無關，完全來源於我們意識中的靈感和創造，對於外界環境而言，人對於不適應的幻境有著一種先天的抵抗力，那就是我們意識情感世界的豐富。這就好比金庸筆下的老頑童周伯通，即便是困在了暗無天日的山洞裡，也可以發明出屬於自己的玩法，左手跟右手打，每天玩的都是不亦樂乎，這種樂觀而靈感迸發的境界，本身就是每個人都具有的能力。

說到這裡，我想起了自己讀到的一個二戰時期的故事：

當時一對父子被送到了集中營，在那個充滿恐怖意味的世界裡，爸爸為了最大限度的保護兒子，用自己熱愛生活的靈感編造出了一個又一個好玩的故事，他讓兒子覺得目前的自己是在經歷著一場有意思的遊戲，四周全部都是遊戲的布景，他們不過是在配合著自己和父親一起在一場遊戲中不斷闖關的道具。每天這個爸爸都會努力想出各種樂觀的點子，讓兒子在這個苦難的幻境中快樂的活著，在爸爸不斷的靈感迸發下，兒子甚至感覺這裡並不是一個受苦的地方，而是一個非常有意思的樂園，每天都會發生各種稀奇的故事，而自己也可以在闖關戰爭恐懼的過程中找到值得驕傲的成就感。就這樣，父子倆的每一天都過的很充實，很有希望，直到有一天，他們終於熬出了苦海，離開了那個恐怖的集中營，重新獲得了自由，並毫無內心陰影的投入到日後更富有光明色彩的新旅程，而這個時候，男孩抬起頭仰望著爸爸問：「爸爸，那下一個好玩的遊戲是什麼呢？」

我們內在的靈感創造力就是這麼偉大，它可以讓我們生命的每一個瞬間都綻放出不一樣的光彩，不管外界環境是怎樣的呈現，它總是可以讓我們在新點子下擁有十足的希望和幸福感。正所謂人間處處皆靈感，只要你用心發覺，就會發現眼前的世界與自己想像的截然不同，它是那麼富有生命力，有那麼多可以提供你創造幸福的元素，有那麼多新奇好玩的事情在向你招手，那裡風景奇特而秀美，只不過你一再的因為精神的麻木而忽略了它們。

曾經有一個三十出頭的女子就跟我抱怨，覺得自己在生命中找不到存在的意義，不知道幸福在哪裡，日子過得一天比一天消沉，以至於消沉的讓她恐懼。她跟我說：「乍一看，我的生活沒有什麼不如意的事情，只是過於的平凡，過於的千篇一律，以至於我對它越來越提不起興致，覺得整個世界也不過如此，沒有什麼值得稀奇和留戀的。」

我聽了她的話鼓勵她說：「你之所以會覺得生活無趣，主要原因在於你沒有賦予它有趣的儀式感。」

「儀式感？生活怎麼還需要儀式感？」女子不解的問道。

「當然啦！你如果把生活只當生活，那麼你必然會覺得生活無趣，但是如果你把生活賦予有趣的儀式感，把它當成一種饒有趣味的遊戲，那種感覺就不一樣了。比如，為了讓自己的居住環境更漂亮，你可以為自己的家精心挑選漂亮的綠植，然後用心的去裝點屬於自己的世界。在餐桌上擺上一個精緻的花瓶，再插上一兩朵綻放盛開的玫瑰花，為家人挑選一套精緻的餐具，再配上自己從網路上新學的精緻美食，這一切都是生活的儀式感，都是生命的趣味所在。而工作也是如此，即便面對的是你毫無興趣的報表，你也可以在自己的辦公桌裡發明屬於自己的玩法，比如設定按時休息的番茄鐘，把這些看似枯燥的文字工作看成是一次挑戰自我的闖關遊戲，把工作上遇到的課題當成是自我遊戲中的一個新專案，讓自己帶著玩樂一樣的心態去看待它、承攬它，不斷的在其中找到屬於自己的創意和成就，一整套下來我們的每一天是不是就會比以前好玩的多呢？靈感其實可以在每一個瞬間迸發，關鍵就在於你願不願意去發現它。」

其實生命的每一天都是可以用快樂填滿的，因為我們有靈感，有創意，有對於這個世界新奇好玩的理解，這一切都可以讓我們的世界變得更充實、更有趣、更幸福、更快樂。人生在世，每個人都是一天一天的過，但品質卻千差萬別，有人真的活成了日復一日，但有人卻活得一天比一天精彩。上天會更厚待有意思的人，因為他們可以讓這個世界變得好玩起來，我們所處的環境本該就是個大遊樂園，只要我們不斷的點亮靈感，充實好人生的每一個瞬間。

第十一章
原來痛苦，無非是思考中的自我糾纏

輾轉反側之間，大腦的鞭策，

反反覆覆中，痛苦的輪轉，

思想的魔境困住了誰的神經？

錯覺中失去一切的苦悶在刺激著砰砰的心跳。

假如一切不過是一場玩笑，

沒有「如果」中的「如果」，

是否能夠笑的更開懷，更爽朗呢？

魔境的力量，就是讓你相信自己的錯覺

曾經有一個醫學家做了這樣一個人類活體實驗，他找到一個死刑犯，問他願不願意無痛苦的死去，獲得死刑犯的同意後，醫學家把他帶到了一個密閉的屋子，矇上他的眼睛，讓他伸出一隻手臂。隨後科學家象徵性的在死刑犯的手上刺了一下，對他說：「我現在開始給你放血了，血液就這樣一滴滴的流到碗裡，你也沒有痛苦，只要靜靜的等待就好了。」之後醫學家拿來一個水管，製造出如水落入碗裡的滴答聲，就這樣十分鐘過去了，二十分鐘過去了，一個小時後醫學家去檢視死刑犯的情況，發現對方已經面色蒼白停止了呼吸。

外界環境對於人的心理究竟能夠造成多大的影響，老實說對於敏感的人來說，越是無法完善內心的定力，越是會在外界氛圍的影響下造成情緒上的波動。我們總是覺得自己感覺到的世界才是真實的，在這種錯覺的影響下，我們的判斷力開始失衡，我們的思想開始混亂，我們開始越來越不自信，我們開始手足無措的游離徬徨。

曾經聽上師說：「人生最大的悲哀就是被境界所轉，它說這是什麼樣子的，你就相信這是什麼樣子的，以至於我們人在不同的境界中產生不同的情緒波動，快樂如曇花一現，悲傷卻猶如細水長流。而事實上，一切境界都是心造的，人可以透過變化自己的內心感受而轉變自己所身處的境界，我們本可以透過自己的內在力量去影響這個世界，讓世界的一切為自己服務，讓自己長期處在平靜而極樂的狀態中，只可惜大多數人沒有意識到，也做不到這一點。」

生活中我們總是看到一些人，因為別人一句無心的話而浮想聯翩，要麼覺得自己馬上要大禍臨頭，要麼內心開始對對方充滿憎恨，覺得他一定沒少在背後說自己壞話，總而言之，別人說完了話就把這件事忘到了九霄雲外，自己卻一個人坐在那裡怎麼也無法排解內心的痛苦，一個個足夠可以刺傷自己的思想和畫面在腦海中不斷的浮現著，以至於我們的整個神經緊繃，身體開始顫抖，做什麼事情都心不在焉，反反覆覆思索著這一天發生的事情，最後總結認定事情一定是自己想像中的那樣，對方一定是這麼想的，他一定會有接下來的一些舉動，他一定會對自己如何如何。可事後過了很多天，對方一點舉動都沒有，日子過得十分平靜，什麼事情也沒有發生。這時候有些人會長吁一口氣想：「啊！原來是自己想多了。」而這個時候可憐的別人也已經被你在心裡汙衊了很久。

基於這樣的心理，歷史上的曹操錯殺了搭救自己的恩人，崇禎皇帝處決了袁崇煥喪失了整個江山，塞萬提斯筆下的唐吉訶德去大戰風車，莎士比亞創作的哈姆雷特，在憤怒與疑心的衝突下，走向了人生的悲劇。不論在現實中，還是在作家的作品裡，我們都不難看到一個人在深受外界魔境困擾下，所表現出的失常和愚昧。我們總是想當然的覺得是這樣，卻沒有能夠多給自己一些時間認真的審視整個事情的經過和原貌，既然一切只是猜測，只不過是我們自我內心世界對未知領域的意念彩排，那必然其中充滿了專屬於我們內心的個人色彩，它也許是事實，但更多的可能僅僅是我們自身的一種錯覺。

那麼究竟是什麼原因讓我們不斷的受到魔境的侵害，產生了自己對於外界環境的錯覺呢？答案很簡單，我們的錯覺來自於我們對外界環境的在意，我們太在意外界對於我們的評價，自我保護意識讓我們覺得外界的一切都可能對自己造成傷害，都是不可信的，我們的內心陰暗角落裡藏匿的慾望暗示著我們，別人有可能會用卑鄙的思想來設計傷害我們，而那個時候的我們如果沒有十足的心理準備的話，必然會遭遇自己不願意看到的一幕。一切的原因都來自於我們的內心的脆弱和敏感，因為太過在意，所以浮想聯翩。

假如真的想解決這個問題，最重要的一點是讓自己快速轉換角度，將思維的核心轉移到自己身上，著眼於自己該做的事，將對外在世界的注意力轉移到專屬於自己的內心世界，努力的去降服自己的內心，讓它時刻保持平靜，努力的將自己的世界建設的更加幸福安樂。

曾經有一個朋友說過這樣一段讓我記憶猶新的話：「其實仔細想來，我們的人體就像是一個國家，我們的靈魂就是這個國家的君王，我們的思想對我們的身體有足夠的支配權利，也完全可以讓身心保持協調發展。我們來到這個世界的目的，就是努力的建設好我們靈魂所屬的這個國家，讓它幸福、快樂，讓它在超越中不斷的實現一個又一個的目標。我們確實在經營世界，但首先要做的是經營好自己的世界，只有我們確定自己的世界不會因為外界受到任何影響的時候，我們才有這份自信和力量用我們的愛和理念影響更多的人。假如每個人都能了解這一點，不管外面的世界變成了什麼樣子，也絕對不會喪失屬於自己的那份幸福感。」

是啊！我們之所以會喜怒無常，主要原因是我們一直在向外看，正如歌裡唱的：「外面的世界很精彩，外面的世界很無奈……」但細細想來，外界的世界是精彩是無奈與自己有什麼關係呢？一切的幸福和快樂是需要我們向內求的，是需要我們用不斷建設自己的方法去實現的，魔境的險惡在於，它會用各種方法干擾你，讓你隨著它的頻率而動，最終把你帶到一個灰暗無光的地帶，然後一溜煙的消失不見，留你獨自在那裡自我掙扎。所以，親愛的朋友，讓我們徹底甦醒吧！不要再沉迷於錯覺，用心的去了解自己內心真實的需要，這個世界上沒有什麼比走好自己腳下的路更重要，我們來到這個世界本就是為了學習更好的做自己。

一切痛苦都是大腦跟你開的玩笑

痛苦究竟是什麼，有人說那只是一種感覺，或者說是一種固有的概念，可不管怎麼說，當這個名詞洗禮我們人生的時候，總會給我們帶來諸多不舒服的感覺。這種能量時不時的會占據我們身體的整個空間，頓時覺得天昏地暗，整個人都陷入了一片黑暗，以至於讓我們開始漸漸相信，前方已經沒有路了，自己身處的就是一個難以逆轉的絕境。而事實真的是這樣嗎？恐怕未必如此，一切的痛苦不外乎心靈的折磨和身體的感受，而這無非是大腦與我們開的一個玩笑，它用意識暗示我們走到了盡頭，讓我們在其中痛的循環往復，可倘若這個時候，你概念一轉，用火柴點燃一支菸，或是開啟手機上的手電筒開關，說不定就會發現，一條寬闊的大道筆直的鋪展在自己的面前，倘若當時真的因為恐懼墜落懸崖，說不定這條路就再也看不到了。

這個世界上引起一個人痛苦的事情很多，因為在我們的內心世界，存續著諸多的願景與慾念，只要一想得到，煩惱就會加重我們痛苦的比例，倘若你可以相對鎮定的去觀察這一切，就會發現，這個世界百分之九十的痛苦都來源於我們大腦的傑作，它在創造快樂的同時也在創造著引發痛苦的麻煩，讓我們覺得一切就是這樣，不經意的一個痛點就會瞬間蔓延到我們的全身，而後我們大腦空洞、四肢無力、心跳加快，不知道該如何左右自己的肢體，我們的身體產生了一種叫做痛苦的感覺，這種不舒服的感受將我們一步步的引向了絕望。以至於最終整個人的呼吸都變得困難，此時的我們身處於這樣的狀態，大腦傳給我們的資訊是：「完了，肯定完了，這下一定完了。」可倘若這時候能安靜的做上幾個深呼吸，就會發現，周遭的一切往常如故，夕陽西下，大街上的人們照樣走走停停，人們都在為了自己的事情忙碌著，世界並沒有因為你的感受而做出任何改變，而當下的自己除了一種感受之外，也沒有產生太大的變化，一件事的出現，不過就是事而已，人生中本來就是會發生很多事情，而這些事情未必都能讓自己開心，想到這些，整個人的狀態就會疏解，剛才停滯在痛不欲生狀態的自己，忽然覺得真的好傻，倘若當時對這種感受沒有更為深刻的見地，恐怕早已經被它深陷到了泥淖裡。

實驗表明，痛苦來源於一種大腦行為，它是一種深藏在我們潛意識中的暗示，當這種暗示一點點的演化為真實的感受，我們就會發現，不管我們怎樣掙扎，眼前所展現的全部都是真實的。痛苦的能量會在這個時候強化在我們身體的某個位置，並在這個位置狀態下不斷的掀起強烈的反應，這種反應反覆演練著這種痛苦的感受，吸納著我們對它的關注，讓我們集中所有的注意力專注於當下的困境，卻無暇意識到，除了眼下的這塊位置以外，身體周遭的絕大部分位置都仍然處於良好狀態。倘若我們可以適時的調整一下我們的坐姿，或是將這種感受下意識的轉移到另外一個部位，就會發現，這種不愉快的狀態，要比剛才好很多。

前段時間有一個朋友來到我工作室，他說前段時間自己經歷了人生中最不堪回首的境遇，不但生意上出現了動盪，連帶著自己整個家庭都出現了動盪，每當他孤零零的一個人回到家，看到空蕩蕩的房間就會痛苦到無法自拔。他說他經歷了生命中第一次的失控，一個人抱頭在黑暗的角落裡痛哭，他說按道理生意失利也沒有什麼，家庭的爭執也沒有什麼，可當時強烈的巨痛卻是他自己難以承受的，他覺得自己被徹底的打垮了，一個人癱倒在地上，一雙淚眼麻木的凝望著天花板，不知所措，也不知所想，整個人都空掉了。

聽到了他的這番不幸，我想了想對他說：「有沒有想過，自己應該是有辦法處理這樣感受的？」

「當時我的全部注意力都在這種感受上，根本顧不上考慮這個問題。」

「那麼現在呢？在經歷了一次以後，就不可能再被第二次打敗。」

「那我姑且相信自己是有辦法的。」

「那現在就讓我們一起把這個辦法想出來吧。」

於是我動用催眠的方法，將場景還原，還原到了當時那個令他倍感痛苦的時刻，當時的他四肢冰冷，臉上充滿了恐懼和焦慮，不知道該如何應對個瀕臨失控的場面。於是我下意識的讓他將眼前的一切定格成為一張灰白色的照片，然後下意識的察覺身體，看看這種痛苦的感受究竟拘泥在了身體的哪一個位置，然後將這張灰白照片定格在這個位置，並一點點的縮小，縮小再縮小，隨後，這個縮小的照片，開始在其他部位翻轉，不再局限在初始的位置，隨著翻轉的速度，這種感受一點點的在減輕，此時的他意識到了自己周遭世界的平靜和安詳，於是乎，這張灰白照片就在這逐步的翻轉過程中一點點的變小，再變小，直到消失了。之後，我又引導他做了三次均勻的深呼吸，回想一段愉快的畫面，並將它定格為一張彩色照片，這張照片定格在當下感覺最為舒適愉悅的地方，然後不斷擴大翻轉，翻轉到周身的每一個角落，並將這種能量引入這些角落，此時，周身散發出了五彩的光環，每一個地方都充斥著喜樂和美好的成分，而此時的他就安詳的停靠在這樣的氛圍裡。

就這樣，我靜靜的端詳他的臉龐，只見此時的他眉頭漸漸舒緩，身體也一點點的放鬆下來，安詳的臉上露出了久違的笑容。我讓他沒事的時候就不斷的進行這個練習，經過一段時間以後，他打電話告訴我，如今的自己猶如破繭重生，可以很好的處理自己失控的情緒了。

大腦的潛意識，是作用於我們周身最奇妙的反應，倘若有效的加以利用，它就會源源不斷的創造出各種美好的情緒，但倘若這個時候，突然產生的意念僵持，也說不定會做個惡作劇來嚇唬嚇唬人。想要很好的駕馭這一切，首先就要意識到一切無非是一種潛意識指引下的感受，這個世界沒有什麼事情過不去，太陽每天都會從同一個地方照常升起，而我們的感受也可以從一個地方很好的駕馭到另一個地方，美好的感受是可以透過有效的處理方式恆定在我們的世界裡的，倘若痛苦不過是上天透過大腦意識給我們開的一個玩笑，那麼讓我們也對這一切一笑而過吧，時光不過一瞬，所有的痛都不會無止境的延續，我們可以讓這一切停止在我們想終止的地方，只要你願意，隨時都可以讓它走開。

不當真，反而能看清真相

這個世界對於人而言從來都不是透明的，過分相信自己的感覺，過分堅定自己的意識，有時候往往會在真相面前出現偏差，前段時間就帶著家裡的小侄女去了趟科技館，當我們走到一個特別的館區的時候，眼前燈光一打五顏六色的呈螺旋式旋轉了起來，明明地表沒有動，我卻覺得天旋地轉，感覺整個人都跟著燈光旋轉的漩渦方向轉了起來，腳下好像踩了棉花，正在順應著轉動的方向旋轉，這種錯覺直到我從館區出來好半天才恢復正常，讓我意識到，環境真是很容易給人造成錯覺的，你如果被它影響，就很難切實的看清事物的真相，你明明覺得事情就是這樣的，但事實卻往往與你的想像差之千里。

人在面對環境的時候是如此，在面對生活上的大事小事上也是如此，曾經聽上師說：「人生在世，真亦假來假亦真，你覺得它是真的，即便它再不是真的那也是真的。但是如果你能不把一切當真，永遠保持旁觀者的心態，不輕易讓事情牽動自己的心神，你就更容易看到事情的本來面目。這個世界之所以混亂，是因為太多的人覺得事情『一定是這樣』，卻很少能夠靜下來多等等，讓自己看看事情『是個什麼樣』，同樣是五個字，境界卻能差到十萬八千里。」

曾經有一個女孩一進我工作室的門就開始哭，她跟我說：「玲玲老師，我來你這裡沒抱什麼解決問題的希望，我只是想找個人訴訴苦，因為這種難過的感覺我實在找不到什麼信賴的人可以說。」

看她那麼難過，我一邊遞上紙巾，一邊送上熱茶，安靜的坐在她對面等待傾聽，於是她抽泣一下說：「我喜歡上了一個男孩，他非常優秀，長得也很帥，所以我心裡很擔心會被拒絕，所以一直默默的關注他，從來沒有向他說明自己的心思。他喜歡瘦的女孩我就拚命減肥，他喜歡有才華的女孩我就努力看書，他說他希望自己的女朋友會燒一手好菜我就回家努力的研究烹飪，就這樣我努力的豐富自己，正當我稍微對自己有點自信的時候，卻有一天發現他身邊多了一個女孩，他們倆有說有笑的，顯然就是情侶關係，這讓我一下子傻了，原來這麼長時間以來自己完全是活在自己想像的世界裡，我只是心裡想當然的以為有一天自己可以成為他的女朋友，可事實上人家根本就沒有把我當回事，也並不在意我的努力。我真是太傻了！後來我想，與其每天上班看著他心裡難受，不如徹底離他遠一點，所以我默默的辭職，準備離開這個傷心的城區，換個地方開始新的生活，從此清空大腦，把他的影子徹底帶出自己的世界，這樣心裡的傷才能一點點的平復，我才不至於再因為看到他和他女朋友的畫面而受刺激。」

聽了女孩子的講述，我真切的感覺到了她內心的傷感，也深刻的領會到她為這份心裡渴望的美好感情所默默付出的努力。於是，我試探的問：「那你默默的努力了這麼多，你有沒有認真的聽過對方對你真實的評價和感受呢？你就這麼一個人默默的走了，而對方對你所付出的愛和感情一無所知，而你卻這麼痛苦，這麼絕望，還付出了辭職工作的犧牲，你不覺得很虧嗎？」

「虧有什麼辦法？反正他也不在意，我無非是他生命中的過客而已，我消失不消失他也不會在意的。」女孩擦著眼淚倔強的說。

「那你就更應該讓他知道啊！你看你現在已經辭職了，去了一個新城區了，馬上就要徹底從他眼前消失了，所以心裡自然也就不應該再有什麼顧忌了。我覺得這時候，你至少要給自己付出的感情有一個收尾，不管是透過手機訊息，還是給他寫一封很長的信，你都應該把自己長時間的想法全部告訴給他，讓他知道你對他的感情，讓他知道你為他所做出的努力，如果他不在意，反正以後彼此也不會再有怎樣的連繫，大家老死不相往來，也沒什麼丟人的。但如果他很在意，說不定你就會有機會，說不定一切並不像你想的那麼糟糕，你所看到的一切都是表象，是你自己覺得一定是那麼回事的錯覺。所以我覺得，男孩對你有沒有感覺還不能下定論，你不能把眼前出現的那一幕太當真，再說人家又沒有向所有人宣布那個女生就是他的女朋友呀！一切不過是你的推理，而你的推理不能說就是事實根據。」

聽了我的話，女孩情緒漸漸得到了平息，她點點頭說：「您說的是，我確實應該給自己的付出做一個完美的收尾，否則所做的一切看起來都太沒有價值了。」正當她起身要離開的時候，忽然手機上傳來好幾條語音訊息，上面顯示傳送者就是她心儀的男孩，只聽那個男孩在語音中沉悶而憂鬱的說：「你怎麼突然間就辭職了，我問了很多人他們都不知道你去了哪？到底因為什麼事情讓你突然做出這樣的決定？因為你有了男朋友嗎？我最近因為這件事很煩，我做什麼事情都不在狀態，我想應該是因為你離開了。你能回覆我嗎？我想見你，如果不方便讓我聽聽聲音也好，我有話想跟你說，以前覺得遲早會有機會的，可現在我覺得再不說就來不及了，我知道你很優秀，如果我說：『我喜歡你』你能接受嗎？」

女孩聽著一條條語音訊息，一邊笑，一邊熱淚盈眶，此時的我靠著門框，雙手抱在胸前微笑的望著她說：「我剛說怎樣？真相是你想像的那樣嗎？你太相信自己的直覺了？其實這個世界充滿了假象，情緒的魔鬼專門喜歡欺負你這樣神經敏感的人，你看看人家訊息都發過來了，你還想把他扔出你的世界嗎？」

當事情僅僅顯露出一些可能的跡象，不要過於緊張，也不要拿自己的直覺太當回事，而是轉變視角，靜觀其變，過早的下定結論，很可能會改變事情本有的發展方向。其實，有些時候，只要我們多等一會，多問一句，說不定真相真是一副與我們想像截然不同的樣子。有太多的人被眼前的假象矇蔽，最終錯失了生命中最美好的部分，但假如你可以理智面對，直達真相的本質，說不定就可以把命運牢牢的抓在自己手裡，把人生經營的更幸福，更精彩，更真實。

越想越痛苦，越痛苦越重複

閉上眼睛回想幾分鐘，在你的人生經歷中，有多少讓你難以忘記的痛苦經歷呢？很多人會覺得，快樂的事情雖然美好，但很容易會被忘記，但是痛苦卻總可以記憶猶新，時不時的就會從我們的腦海中翻湧出來，將我們重新置身於那段自己不願重複經歷的場景裡，如果造成的影響輕，我們的眉頭會微微皺起，然後深呼一口氣，安慰自己說：「反正都過去了。」但假如影響重的話就會直接影響到我們的生活狀態，有的人會傷感，有的人會煩躁，明明很好的天氣，剛剛還是陽光明媚，回憶起的下一刻卻臉色陰沉起來，此時不知緣由的孩子跑過來糾纏你跟他一起玩，而你卻餘氣未消的無法壓制情緒，將自己的負能量透過苛刻的言辭傳遞給了最愛的人。

這或許就是一種生活的常態，我們也不知道自己的大腦究竟是怎麼工作的，怎麼突然就能顯現出那麼多讓自己不愉快的事情，而且這一切完全都不由自己控制，讓你越想越痛苦，越是痛苦越是會重複，最後痛苦得自己都不知道該怎麼辦，一個人坐在那裡悶悶不樂。直到恢復理智以後，才開始為自己這樣傻傻的行為後悔，不停的跟自己說：「為這點陳年往事你也至於。」

曾經有個先生，事業深陷低谷，本來做得蒸蒸日上的公司，突然因為決策失誤而面臨危機，而且身後還背了不少債務，這讓他一下陷入長時間的情緒低落狀態，內心的無助感讓他無法再正常的面對工作，也無法強裝笑臉繼續營造自己家庭的和諧氣氛。時間一長，公司上下的員工各個人心惶惶，而家中還不到五歲的兒子，一看到陰沉著臉回來的爸爸，就會害怕的跑回自己的房間。而此時的他卻怎麼也脫離不了內心的苦悶，曾經創業的艱辛，以及決策的失利，還有客戶鄙夷的眼神，一個一個，一次又一次的浮現在他的腦海裡。他努力的不去想，但是卻沒有任何效果，他覺得他改變不了任何事情，甚至改變不了自己的狀態。此時的自己已經深陷到了痛苦的泥淖，越是掙扎陷得越深。他告訴我，目前的自己大腦好像出現了問題，明明自己不想去想的事情，卻好像被什麼東西所左右了，它一刻不停的在往自己的腦子裡灌裝著痛苦，而且反反覆覆，根本停不下來。這種感覺讓這位先生很緊張，負面情緒和念想的反覆讓他精疲力竭，夜晚也難以入眠，成夜的失眠已經讓他對自己的人生越來越絕望了。

於是我陪著他進行了一個小時的催眠治療，讓他靜靜的躺在舒適的椅子上，慢慢閉上雙眼，我努力的引導他回憶人生中最美好的記憶，從上學時期的成績優異，到與妻子相識相愛，再到孩子出生，開始學會叫第一聲爸爸，開始牙牙學步，開始練習自己吃飯，開始第一次不用父母安慰的去上幼兒園。我讓他去努力回憶自己風風火火創業的經歷，回憶拿下第一單生意時的喜悅，回憶和員工們一起去吃慶功宴，回憶和妻子和孩子一起出境旅遊看最美麗的風景。我讓他回憶父母以他為驕傲的幸福眼神，讓他回憶他們親手為兒子做的那一碗香噴噴的熱湯麵。我讓他回憶他自信滿滿的登臺演講，獲得在場上百位嘉賓的認同和掌聲。此時，我看到先生的眼角流出了幸福的眼淚，他的嘴角帶著笑意，他的內心充滿的昔日的幸福感。

於是我鼓勵他去想像一個他和家人一起登山看日出的美好畫面，此時光明從黑暗中覺醒，一點點的染紅了天上的雲彩，火紅的太陽帶著希望一點點的升起來，用自己絢爛的色彩，暖透了他的心，這時候妻子依靠在他的肩頭，孩子一邊看著太陽一邊抑制瞌睡讚嘆著。這是一個多麼美好的開始，幸福的生活就這樣隨著太陽的光芒冉冉升起，希望還在繼續，愛自己支持自己的人也從來沒有因為暫時的黑暗而遠離自己，而自己的內心依然充滿著無盡的能量，他可以衝破黑暗的封鎖，照射到身體的每一個角落，讓自己的眼睛明亮，頭腦清晰，渾身充滿動力，有勇氣面對來自於這個世間的任何挑戰。

經過如此這番心緒的梳理，這個重新睜開眼睛的男人，神情中充滿了感動，他告訴我，這是他遭遇不濟以來所經歷的一次最好的放鬆，這樣的治療彷彿讓他回到了自己曾經最好的狀態，心中充滿了期待和幸福感。於是我對他說：「不要再對自己有任何不確定性，如今的自己就處在那個意念中的最佳狀態，太陽每天都會升起，新的希望從來沒有在你與這個世界之間斷絕過。天不會永遠黑暗，痛苦也不會永遠的困住誰。因為我們自己就是太陽，自己就會發光，自己就完全有能力衝破內心的黑暗，也完全有能力讓美好的一切一一浮現，把試圖讓我們痛苦的魔鬼徹底去除出自己的世界。」

聽了我的話，先生點點頭，表情卻略顯不安。我一眼看出了他的心思，明白他在擔心自己再面對這些重複性痛苦回憶的時候會再次無所適從。於是我鼓勵他每天早晚，將今天所想到的美好時刻重複一遍，然後告訴自己：「一切都已經過去，我要更好的面對生活，更好的對待身邊所有愛著我的人。」每當感覺到又要出現重複性痛苦回憶的跡象，就及時的調整情緒，做個深呼吸，用心的在腦海中去回憶那段美好日出的畫面，告訴自己：「希望總會到來，因為我自己就是太陽。」除此之外，我還鼓勵這位先生，努力恢復到自己意象中的最佳狀態，面帶微笑的去面對身邊的每一個人，不帶任何情緒的一件件處理好手頭的工作，回到家立刻恢復到好丈夫，好爸爸的狀態，給兒子一個熱情的擁抱，與妻子一起做一頓豐盛的晚餐，抽空一家人多去看看掛念自己的父母，因為他們才是自己自己不斷努力的動力來源，不管什麼時候，自己都絕對不能允許自己最愛的人受到任何的傷害，不管是別人，還是自己。

這次治療過去半年以後，我收到了先生的一條簡訊，他說如今自己的公司已經擺脫了困境，而且家庭非常幸福，他感謝我幫他找到了人生最重要的東西，也相信經歷了這場磨難，再也不會被什麼事情所打倒，那種不斷重複痛苦回憶的感覺消失了，如今的他對未來充滿希望。

真心的希望這樣在腦海中不斷重複痛苦的事情能夠在這個世界上徹底消失，如果人生真的可以重複，那它重複的一定是幸福，一定是希望，一定是永不消沉的信念和信仰，每個人都應該無畏黑暗，因為我們自己就是太陽，本身自帶光芒。

搞定困住無數人的「如果」

馬克．吐溫說過這樣一句話：「我的一生曾經歷了很多糟糕的事情，其中只有一部分事情是真正的發生過，其他糟糕的事情都是我們想像出來的。」人就是一個天生愛多想的動物，腦袋裡有很多的慾望，同時也有很多的「如果」。這些如果時常給他們帶來各式各樣的困擾，讓他們在思維和意識中自己跟自己爭鬥，時間一長，什麼事情都還沒做就已經精疲力竭。然後自己開始疲軟，開始懈怠，開始對周遭的一切都不感興趣，覺得什麼都沒有意義，什麼都不相干，什麼都不想管，眼前一片迷茫，不知道自己想那麼多幹麼？也不知道自己在為什麼而活。

我曾經遇到一個年輕而帥氣的男孩，明明長著一張清秀的臉，卻一臉的疲憊，好像是被人拆了骨頭，怎麼也提不起精神。我問他年紀輕輕為什麼總是這樣的狀態，一點蓬勃朝氣都沒有，他兩手一攤，一臉無奈的說：「沒有辦法，我承認自己存在病態心理，有時候我覺得活著非常累。累到不知道為什麼活著，累到什麼都不想做，甚至不想活，其實我什麼都沒做，也不知道自己為什麼會那麼累。我並不是說自己有自殺心理，而是覺得自己活得很被動，每天的日子不是在享受而是在忍受，看著一天天過去，我就在那裡不斷的消磨著自己，覺得活著就像是一件無奈卻又不得不做的事。這個世界一切都很重要，一切又都不重要，覺得重要的時候我緊張兮兮，覺得不重要的時候我自暴自棄，就這樣我把自己過得亂七八糟，無論是工作、感情還是其他。我說了這麼多，沒嚇著您吧？」

我聽了以後笑笑說：「看來你現在的狀態不是一般的負面啊！那說說看，什麼事情讓你緊張兮兮，什麼事情又讓你自暴自棄呢？」

他想了想，嘴角露出讓人猜不懂的笑：「其實起初我對人生是很樂觀的，每當我看到別人的優點就會想，如果我也有他那樣的特質該多好啊，每當我看到別人成功的時候，我會想，如果我也能像他那麼成功該多好啊！每次看到別人和自己的女朋友甜甜蜜蜜的時候，我就會想，如果我也能有他們那樣的幸福該多好呀！然後自己就開始列計劃，腦袋裡開始進行自己潛意識裡的一套程序，我會對自己想達到的結果進行全方位的計劃，然後不斷的鼓勵自己要朝著這個目標努力，結果每一次都是在計畫快要大功告成的時候，我就開始被心裡無數個負面假設所困擾，它就像一個很老道的魔頭，所涉及的『如果』總是直達患處，我常常覺得它在輕蔑的笑，然後對我說：『年輕人你太嫩了，如果出現了這樣的事情，你覺得你的計畫還能進行下去嗎？只要中間這個環節稍微做點小動作，你一切都會吃不了兜著走的。』於是我又開始針對這些如果繼續思考，如果這些問題發生了以後我該怎麼處理呢？這些問題不是不可能發生啊！然後我的腦子又開始進入步驟計劃階段，可沒想到剛剛有點眉目的時候，這個魔頭又來了，它針對不同的問題又設計出了更多的『如果』，讓我越想越恐怖，越想越緊張。於是我計劃的越多，問題越多，等我翻過來再回到自己最初的計畫時，發現時局已經有了變化，一切早都面目全非了。於是心裡開始自嘲：『全他X都是胡扯』。腦子累得要命卻什麼也沒得到，也沒因為自己那麼周密的計劃得到一丁點的成就感，時間就這樣一分一秒的浪費掉了，這讓我覺得一切都是空的，都是沒有意義的，既然想得越多問題越多，那我他

X什麼都不想了，那些煩人的『如果』也別來找我了，我承認我就不是一個能成事的人不就得了嗎？誰也別拿那麼多『如果』糟蹋我了。這就是我從緊張兮兮到自暴自棄的過程。」

我聽了以後，覺得這個年輕人真是有意思，一不小心就沒忍住笑了出來。這時他眼皮一抬，苦笑著說：「我一猜您就覺得我好笑，沒事，您要想笑就痛快笑吧！我知道我肯定是有病，誰聽了誰都得說我有病，可我就是自己治不了，只要你想行動，立刻那個混帳老魔頭就開始出來囂張，它要是個真實的人，我一定打死它，可它儼然成了我身體的一部分，我總不能滅了我自己吧。」

「那你覺得這個老魔頭最怕什麼呢？」我收起笑容認真的問道。

「不知道，想不出來，但我真的很想安置它，讓它再也干擾不到我。」年輕人表情略顯沉重的說。

「那今天我來告訴你答案，它最怕的是你的行動。你想的「如果」太多，行動卻是零分，所以它才會抓住這一點製造那麼多可能出現的麻煩來嚇唬你，男子漢大丈夫，兵來將擋水來土掩，但凡是想要的，就毫不猶豫的透過努力去得到，但凡想做的就別那麼多顧忌的去做。常言說的好，走一步看一步，你在行動中遇到的問題才是你真正要面對的問題，而魔頭給你描述出的問題，說不定百分之八十都不會出現，但你卻因為這些百分之八十不會出現的『如果』喪失了本來具備的行動力，你不覺得很虧嗎？所以，年輕人，想到了就衝出去做，你還很年輕，年輕就是資本，有什麼是你賠不起的，再說你怎麼知道自己衝出去就一定會賠呢？你不去做，不去驗證，永遠是給不出自己最正確的答案的呀。」

這個世界「如果」很多，如果你總是花時間去想，那些「如果」足足可以讓你想上好幾輩子，困住你好幾輩子，讓你好幾輩子消極頹廢，始終打不起精神。但是假如你能不顧一切的衝出去，就會發現原來一切真的很簡單，一直做，努力做，想辦法繼續做，不達目的不罷休的做，只要有恆心有動力，到時候靈感自然就會在熱情的湧動下不斷被激發出來。成功的人生不是打敗「如果」，而是打敗自己對行動力的膽怯。

親愛的朋友，外面的世界沒那麼可怕，想不被「如果」困住，那現在就起身衝出去吧。

第十二章
蛻變之後，絕路即聖徑，絕境是佳境

看不到光明的寒冬，朝著太陽的方向守望，
都說人生是場詼諧的戲，
絕境中的重生一定是其中經典的詞句，
撥開那些鬧心的牽絆，
路過一番山窮水盡，才知道柳暗花明的樣子。

黑暗中黑色的眼睛，你要用它尋找光明

每當一個人靜下來的時候，我會感嘆這個世界締造者的智慧，他把黑白分的那麼清晰，在白天與黑夜之間無形的新增上了那麼多豐富的內容。人就是在如此精心設計好的白天與黑暗之間穿行，體會著生命中每一個階段的悲歡離合。或許冥冥之中它就是在用這種方式告訴著我們，黑暗不可怕，只要你努力找，用心等，早晚能找到白天。

年輕的時候，特別喜歡讀詩，尤其讓我記憶深刻的是浪漫主義傳奇詩人顧城的那句：「黑夜給了我黑色的眼睛，我卻用它尋找光明。」每當困擾來臨的時候，每當獨自一人在寂寞的夜晚徘徊的時候，每當眼淚莫名的滑過臉頰的時候，稚氣未消的我就會在嘴裡輕聲將它讀誦出來，然後靜靜的對自己說：「沒有什麼的，黑暗無非是光明的對比色，只要一直向著太陽走，總會走出希望，總能看到屬於自己的精彩。」

時光流逝，如今的我已不再是那略帶憂傷的翩翩少年，可那曾經的青蔥印記，卻在我的心中成為了一首靈動的詩。是啊，誰沒有年輕過？誰沒有渴望過？誰沒有深愛過？誰沒有傷感過？當這一切都漸漸淪為隨風的往事，種種當年的痛苦與歡笑都成為相簿裡泛黃的印記，我一瞬間領悟到，原來人生不斷前行的旅程，就是一場場早已設定好的自我蛻變，不論其間的你哭還是笑，是幸福還是絕望，是想經歷還是不想經歷，它都已經早早

的在那裡等你，而你唯一能做的，就是不斷的去體會，不斷的被歷練，不斷的選擇堅強。每一天的經歷無非是一場白天與黑夜，但不斷強大的智慧，卻能讓我們實現身心永恆的通透明亮，而這種每個人內心期待嚮往的境界，更多來自於我們自身的閱歷。

我曾經幫助過一個失戀的女孩，當時的她很憔悴，對周遭的一切都是失去興趣的，人生因為一段破碎的感情而失去了動力。她辭職後，不想出去工作，一個人默默的把自己關在房間裡，不知道餓也不知道渴。

第一次來到她的房間，我看到的是一團凌亂，易開罐隨便的丟棄在地上，被子在床上團成一個球，窗簾密閉的拉著，衣服凌亂的散放在沙發上，一張她昔日與男友的舊照片被撕掉之後，又用膠水一點點的黏合在一起。桌子上厚厚的一層灰，顯然是很久都沒有被人碰過。只見當時的她，頭髮凌亂，穿著一身看似好久都沒有洗過的睡衣，面容頹廢，雙眼哭紅，說話有氣無力，讓人看了就心疼。

於是我裝作若無其事的向她問好，然後和她一起坐下來聊天。她告訴我如今的她對前任男友的感覺不知道是一種恨還是愛，她努力的不去想，努力的想梳理自己，可是一進到這間以前愛意暖暖如今卻異常淒涼的房間，她就頓時成為了一個失魂落魄的孤兒，她怎麼也不相信明明曾經很相愛的兩個人，一起攜手走過了近五年的時光，以至於彼此已經那麼熟悉，自己儼然已經覺得對方一定是那個自己要嫁的人，他卻跟一個女人相處不到三個月，就能做到把曾經美好的一切全部清空略過，毫無留戀的提著行李箱就走了。

聽了女孩的哭訴，我不斷的遞上紙巾給她。我問她：「那你覺得，這件事真的怪你嗎？你們感情出現問題，真的是你的錯嗎？」

她努力的搖搖頭說：「我不知道，我覺得感情是兩個人彼此付出的，兩個人是因為相愛才在一起的，出現了問題，應該我也是有錯的，但是我錯在哪裡？我現在根本就不知道。我只知道分手的前一天我們倆不過是因為一點小事而爭論了幾句，第二天我買菜回來他就已經把行李收拾好準備離開。我問他這麼點小事就要分手嗎？他說他早就無法容忍我了。而沒過幾天，我就看到他在自己的社群軟體裡發了他跟新女友在一起的照片，還特意拍了他們同居的新家，字跡上還特別加上了一句：『我們嶄新的開始』。」

「那既然是這樣，更多的問題應該不是因為你，在我看來，你目前最大的錯誤就是在用別人的錯誤懲罰著你自己。你把自己折磨成這個樣子，可對方卻朝氣蓬勃，你以為他會回來嗎？你以為你把自己折磨成遍體鱗傷的小貓，他就會心疼的跑過來給你療傷嗎？女孩，清醒點，雖然五年對一段感情而言確實很長，但你也應該慶幸，至少這樣的事情沒有發生在你結婚以後。不得不承認，你現在確實在經歷一場煉獄，但這或許也是一筆財富，一種難得的經歷，它可以讓你進行更深入的思考，如何才能更好的做自己。」

看著女孩低著頭沉默不語，我繼續說：「你有沒有想過，因為這段感情，你失去了多少自己寶貴的東西，當這些犧牲在你的無怨無悔中自我流失，曾經那個魅力四射的自己也因此而黯淡消沉了。失戀確實一時間讓你的世界陷入了黑暗，但它不會永遠黑暗下去，因為你的眼睛是用來尋找光明的。從兩個人的生活回歸到一個人的生活，你有了更充沛的時間去豐富自己，你可以努力的讀書、健身，或是參與你曾經感興趣的各種活動。你要向所有人證明，這個地球沒了誰都照樣轉，你可以一個人生活得很好，很精彩，而不是像現在這樣，像個可憐蟲一樣躲在家裡，每天靠啃食過去的傷口過日子。要我說，既然他如此絕情，那他就必然不是你生命中的最終選擇，他的離開，不過是給了一個更優秀，更愛你的男孩子一次接近你的寶貴機會，為了能讓他早點如約而至，你現在要做的是積極的過好自己的人生，讓自己變得越來越優秀，越來越有魅力，你至於最終讓他一見到你就對你一見傾心。到那個時候，你會迎來一段嶄新的愛情，同時也要為這段愛情負起百分之百的責任，一定要讓它更美滿，更幸福，不受絲毫舊傷的影響，這才是最聰明最智慧的選擇，女孩，我說了這麼多，你明白了嗎？」

生活在這個世界上，每個人都會陷入黑暗，不同的人有不同的黑暗，不同的人有對黑暗不同的理解，但聰明的人不會永遠的沉迷於黑暗，因為他更渴望的是在天亮的時候看到窗外更美好的世界，這些美好的事物會牽動著他走出房間，去呼吸新鮮的空氣，去擁抱豁達的藍天。所以，不管什麼時候，都不要讓你的眼睛沉迷於黑暗，因為它存在的更大意義是促使你去尋找光明的。

「倒楣」很忙，它沒那麼多時間盯著你

這個世界沒有人會永遠幸運，但同時也沒有人會永遠倒楣。古語說的好：「三十年河東，三十年河西」，今天命運不濟，不一定明天不會一躍而起。所以小時候我清楚的記得父親總是這樣對我說：「玲玲啊！你一定要認真平等的尊重每一個人，不管他是威名顯赫還是默默無聞，因為這個世界太玄妙了，你看到的永遠都是那麼一點點，這個世界上沒有人會永遠成功，但也沒有人會永遠倒楣，每個人都是不能輕視的啊！」

那時的我，年少無知，只知道要做一個乖孩子，所以只記住了爸爸囑咐的，要努力的尊重身邊每一個人。直到自己慢慢走向成熟，才越來越理解父親的良苦用心，是啊，沒有永遠的成功，也沒有永遠的倒楣，漫漫人生路上，每個人的努力都值得敬畏，消沉的時候去鼓勵他，成功的時候同樣帶著敬意的向他微笑。經歷的事情越是多了，越是會將成敗看得雲淡風輕，人生不過的是一個行路的過程，我們更多的是要對得起自己。「倒楣」不過是人們發明的一個詞彙，如果反向的思考它，就會發現這兩個字本身很空洞，沒有任何意義。如果說真的要讓它在時間上占有一定的地位，那它真的是個大忙人，這個世界上有太多的人需要它「照顧」，就算你一廂情願的想和它待在一起，人家也是沒有那麼多時間總盯著你的。

曾經有一位德高望重的老法師就說過這樣一段話：「現在動不動就有

人跟我說：『哎呀，老法師啊，我業障太重了，所以我這輩子總是命運不濟，一堆倒楣的事情。您幫我多念念經，消消業障吧！』每次聽到這樣的話，我都會搖頭。世間哪裡有那麼多業障啊！如果稍微有那麼點不順利的事，就覺得是自己的業障，那豈不是辜負了上天的美意？生命的起起落落，更多的是來自於上天對你的考驗。面對這些考驗，我們更多的應該是感謝，而不是抱怨。沒有那麼多的業障，也沒有那麼多的倒楣，應該有的是心裡滿滿的感恩和憧憬，這樣的人生才更容易找到幸福。」

曾經有一位先生來到我工作室就開始抱怨自己從小到大的各種不順，小時候家庭貧困，自己一邊撿破爛一邊上學，被周圍的鄰居和同學各種看不起。好不容易考上了大學，家裡卻因為太困難不讓去，逼著讓他參加工作，於是自己只好流著眼淚把國立大學的錄取通知書撕成了碎片。於是他忍著痛苦參加工作，融入了社會，透過自己不斷的積極表現剛做出點成績，就遭到同事的嫉恨和算計，幾次在細節上給他下圈套，把莫須有的罪名安在他的頭上，要不是自己平時工作認真仔細，時刻注意保留單據和證明資料，在當時那個社會不但工作不保，還有可能因為涉及到法律問題而入獄。之後，先生趕上了改革開放，決定下海經商，剛賺了一些錢，家裡的兄弟姐妹就開始一個一個的找他辦事借錢，結果自己越幫越忙，深陷到了一個家庭成員慾望的無底洞，儘管最後他投入了很多，卻最終還是落得兄弟不和，六根無靠。好不容易有了自己的家和孩子，小日子過得一天比一天好，突然妻子又患上了絕症，這一晴天霹靂，讓他大腦一陣眩暈。儘管他在妻子的治療方面不遺餘力，但最終和自己相守二十多年的妻子還是離開了。

先生勉強的抑制住淚水，哽咽的敘述完了自己曲折的人生經歷，他對我說：「這一路走來，我就覺得我上輩子一定做了什麼糟糕的事情，否則老天爺怎麼能這麼罰我。我不努力嗎？我為別人付出的不夠多嗎？我不愛自己的妻子嗎？可我卻要面對這樣一個接一個的殘酷現實，這麼多年了，我覺得倒楣老是跟著我，沒完沒了的騷擾我。明明昨天還風平浪靜，不知道什麼時候世界就颳起一陣狂風，讓你一點心理準備都沒有，只能硬著頭皮往上走，等一切過去了，一切也都物是人非了，心中的美好被打得粉碎，自己只能一點點的耐著性子去收拾，去重建。可不知道什麼時候，你剛剛覺得踏實安穩，又會出現點什麼事，再把你好不容易才修復起來的一切，再次毀的一片狼藉。我這一生啊，就是這樣在修了毀，毀了修中度過的。有些時候我就覺得，自己不能靜下來想，有些人回憶過去的時候會笑，但如果要讓我回憶過去，猜想我連繼續活下去的勇氣都會失去的。但經歷了這麼多，我又渴望傾訴，這或許就是我人格中的雙重矛盾。我真不知道命運的安排已經把我的心建造成了一個什麼樣子，但目前看來，一次次倒楣的光臨，已經讓我找不到什麼活著的快樂了。」

在先生傾訴的整個過程中，我始終都在認真的點頭傾聽，在經歷了一番周全的思考後我提出了這樣幾個問題：「經歷了這麼多人生的鉅變，您是否豐富了自己的人生閱歷？少年的不幸是不是磨練了您堅強的意志？工作上的經歷，是不是養成了您做事認真仔細的好習慣？生意的成功，是不是讓您實現了更高的自我價值？兄弟姐妹為錢而彼此爭執反睦，是不是讓您意識到了慾望的可怕？妻子的離世是否讓您意識到了自己對於家庭的責任和使命？這一切都是得到啊！每一天我們都會經歷開心與不幸，每一天我們都會用所經歷的一切破碎自己，但第二天一個更完整的自己會涅槃重生，變得更加強大更加堅定。不可否認，您的一生經歷了不少磨難，但如果僅僅把它看成是『倒楣』的傑作，那您就太高估它的能力了。從某種意義來說，這一切都讓您的人生更豐富了，更精彩了，您在其中獲得了很多難能可貴的財富，這一切都是不能以一句『倒楣』就可以輕易抹殺的。」

曾經有這樣一句網路流行語：「生容易，活容易，生活不容易。」由此不難想像，人生在世每個人多多少少都會經歷一些自己不想經歷的事情，如果片面的把這一切看做是「倒楣」，然後帶著一顆消極而頹廢的心去面對它，那眼前的整個世界都會因為你這一遭錯誤的思想認知而黯淡下來。生命之所以有起落，並不是因為上帝要用它懲罰誰，而要讓祂深愛的孩子在歷練中一步步走向成熟和勇敢。所以不要一遇到問題就說倒楣，既然怎麼都要去面對為什麼不讓自己樂觀一點，帶著一顆求知的心，把它當作一個課題來攻克呢？當你不斷從中獲得感悟，不再因為命運一時的不濟而沉淪，「倒楣」的陰影，自然就消失的無影無蹤了。

人生那麼長，別覺得「倒楣」那麼喜歡你，世界那麼大，大到它跑都跑不過來，只要你不把它放在心裡，掛在嘴邊，它也是沒那個精力想起你的。

先清除讓自己煩心的碎石子

不知道大家有沒有過這樣的感覺，明明心裡有一件事，越是想越是覺得這件事很重要，而當自己終於下定決心要去做的時候，卻發現四周有一堆還沒有收拾好的爛攤子。曾經有一位事業有成的人感慨道：「其實很多時候，只要人將精力集中在一個點，不顧慮一切的為了這個點努力，那就沒有什麼事是辦不成的。只可惜現在的人思緒多半是散亂的，總是受各式各樣的事情牽絆，左耽誤點時間，右耽誤點時間，加起來數量大的驚人。等到自己真正緩過神來，最佳的時機早已錯過了，即便是沒錯過，心境已經跟一開始的大不一樣，心境不一樣了，結果自然會不一樣，這是很現實的事情。」

我曾經就遇到過這樣一個女孩，她說她每天都會被穿什麼樣的衣服，畫什麼樣的裝，帶什麼樣的首飾和髮圈煩心。走進她的家才發現，不大的兩房一廳裡，竟然單有一間屋子是放她的這些衣物和配飾的，開啟衣櫃一看，我的天，裡面真是琳瑯滿目，各種名牌的服飾，分不同的色系，不同的季節擺放著，旁邊陳列的是滿滿的各款高級包包，再看牆邊，各式各樣的鞋子排列堆放了好幾個抽屜。窗邊的臺架上，首飾盒子層層疊疊的放得很高，開啟一看，裡面光戒指猜想就得有四十多個，其他的自不必說。於是我故作淡定的調侃道：「我該不是走錯門了吧！我是不是到了一家高級品牌折扣店了。」

此時女孩卻滿不在乎的說：「這些還不是全部，我房間的床底下也全都塞得滿滿的。說實話總覺得自己櫃子裡缺衣服，但買回來沒穿幾次也就放在那了，你說扔了吧，買的時候那麼貴，真就這麼丟了自己也心疼。可是不扔吧，只是越堆越多。其實哪個女孩不愛打扮呢？可是我現在最頭痛的就是出門，一要出門，先得思索穿什麼衣服，於是就開始打開衣櫃，看看這個，摸摸那個，一條褲子得配上怎樣的上衣，上衣上面配上怎樣的絲巾，然後手裡應該拿著什麼款式的包包，頭髮應該梳理成什麼樣子，帶什麼樣的頭花和髮飾，配飾應該如何搭配，隨後就開始到了妝容，用什麼色系的眼影，用什麼色系的腮紅，眼線應該畫成什麼樣，選用怎樣的口紅和唇彩……總之，您懂的，化妝也是一門很繁瑣的專業技術，想把自己畫漂亮了怎麼樣也要花一個小時。於是我算了一下，如果想出個門的話，目前我的前期準備至少要三個小時，而且回來可能還得花時間整理凌亂的的衣櫃和化妝間。所以，我現在真是越來越不愛出門了。前段時間和男朋友也分手了，原因就是嫌我出門太慢，用他的話說要想跟我約會，明明是約十點，至少得說成七點，要不然等我下樓見面的時間，他足夠可以寫成一篇至少五千字的，有理有據，構思新穎，妙語如珠的小論文了。可我也不願意這樣啊！面對出門這件事，我自己也想不出更好的方法，可你真的讓我蓬頭垢面，不打扮滿意了，我出門心裡就會有障礙的。當然，我也知道我目前的狀態，也算是一種心理疾病了。」

我聽了以後，笑笑說：「要我說你是沒遇到重要的事，這要是你們家突然著火，我就不信你還非得把自己打扮好了再逃生？你現在的問題是，你覺得出門要做的事情，遠遠沒有你穿衣化妝重要，所以才會在這些瑣碎的事情上浪費這麼長時間。說實話，面對這麼多衣服包包，不用說你煩心，第一次來你家的我看了第一眼就已經煩心了。選擇的越多，越是會凌亂，凌亂到你忘記了該怎麼做好最重要的事情。前段日子，我看到一條報導，人家著名影星導演徐靜蕾都在主張極簡生活，已經快要堅持一年沒買衣服了，分享的感覺是無比輕鬆暢快。你現在的問題是自己身上背的碎石子太多了，這麼一大堆的東西，你一個人根本用不了，但是它們既然在你家裡，你就得去照顧它們，整理它們，這無疑是給你每天的生活增加的成本，東西越多成本越高，自己看著越煩心，思考問題越複雜。你要想讓自己生活輕鬆暢快起來，首先要做的就是先清除掉這些讓自己煩心的石子，要不然誰也救不了你，你就自己繼續凌亂下去吧。」

回想昔日佛祖釋迦牟尼，為這個世界留下了這麼多寶貴的財富，追其原因除了他開悟後的智慧，還在於他最有效率的生活方式，他去世留下的遺物也只有三衣一缽，每天專注工作到廢寢忘食，他衣著簡單，吃飯是用乞食的方法，其他時間全部都在為弟子傳道授業解惑。他把自己的全部精力都投入到了一個點，並依靠這個點超越了所有人，最終立地成佛，了生脫死，達到了大涅槃境界。由此可以看出，要想在有限的生命裡，最大化的實現目標，最有效的方法就是讓自己除了對目標心無旁騖之外，將內心那些讓自己煩心的碎石打掃的乾乾淨淨，這樣所付出的行動才是最有效率的，也是最有力量直達目標的。

這個世界上誘惑很多，選擇很多，這些碎石子會一點點的分散你剛剛凝聚起來的力量，最終讓你在自我渙散中經歷煩惱和挫敗。所以，假如時間有限，就讓我們用最簡潔的方式去面對生活吧，在暢快中找到成功，在清明中享受人生。

堅持到最後一秒，少有做不成的事情

一次和幾個閨蜜在家裡聚餐，一個閨蜜特意拿了一瓶上好的葡萄酒，本來是想讓大家嘗嘗鮮，可沒想到開瓶的時候出現了一點小故障，大半的木塞子都拔出來了，靠在最裡面的一小節卻偏偏斷了，這可把閨蜜急壞了，摳也摳不出來，捅也捅不進去，想把酒倒出來更是沒戲。眼看好菜都上了桌，大家便開始你一下我一下的群策群力起來。本來起初每個人都饒有興致，但隨著時間過去，不見成果，那份對於美酒的渴望也開始降溫。這時候有人開始招呼大家說：「哎呀，打不開就打不開啦！沒有酒也別掃了興致嘛！來來，吃菜吃菜。」於是幾個人開始轉移注意力，大家一個個舉起了手中的筷子，下意識的要把打不開的紅酒放在一邊，可拿酒的閨蜜偏偏就不信這個邪，只見飯桌上的她弄來弄去，一會用筷子，一會用開瓶器，堅持不懈的非要解決問題。最終皇天不負有心人，酒塞的問題終於搞定了，只見此時的她神采奕奕，好像喝了好幾碗十全大補湯。大家看到她那麼高興都禁不住為她鼓掌說：「哈哈，太不容易了，真認真啊你。」而她也絲毫不壓抑自己內心的成就感說：「哪裡，只要功夫深，鐵杵磨成針。」

成功就好比一瓶密封的美酒，起初瓶蓋很難開，總是無形的給你設計各種障礙和難題，它就像是一個過濾器，將沒有耐心的毫無意志的人通通淘汰，只留下那個堅持到底的人笑到最後，因為只有這樣的人才最配享受到這世間最美的純釀。

廖輝是一個三十多歲的年輕人，他告訴我雖然自己看起來年齡不大，但已經有近十多年的工作經驗，以前家裡困難，他剛讀完高中就一個人獨自來到這個陌生的城市打拚，他嘗試過很多工作，也很努力，但始終見不到什麼成果。這讓他一度陷入了絕望和憂鬱，他開始懷疑自己人生的意義，生命的價值，不明白為什麼自己這麼努力就是等不到成功，於是，抱著試試看的想法，他走進了我的工作室，希望透過心裡求助的方法幫助自己找到答案。

聽了他簡單的描述，我用溫和的語氣對他說：「那麼？如果不介意的話，能不能讓我了解一下你都做了什麼？每個職業都做了多久？為什麼要離開？你對每一個職業有怎樣的理解？」

聽了我的話，他老實的抬起頭說：「我的第一份工作是電話行銷，當時做了為期一年，我對這份工作的感覺是，除了業績上的工作壓力以外，更重要的是要承擔沉重的心理壓力，因為你不知道電話那頭的陌生人目前心情如何，心情好的，說話很客氣，會溫和的告訴你自己需要還是不需要。心情不好的，上來就是一頓破口大罵，罵的話難聽到你恨不得去撞牆。於是最終我選擇了放棄，我不想再去做讓別人反感的人。後來我又去做了保險，當時聽了很長時間一段保險公司的課，覺得這份事業很偉大，很有挑戰力，就沒想太多，帶著滿滿的信心開始了工作，但後來我發現，想做成訂單談何容易，上面的總監總是業績爆紅，站在金字塔的頂端，但對我而言，我不過是個無名小卒，把熟人的生意做完以後，再想開闢業務就舉步維艱了，最後沒辦法，逼得你不走人也得走人。才做了不到半年，我就已經沒有了動力。之後我又做了房屋仲介，在產業裡待了一年的樣子吧，每天壓力也非常大，老員工手裡都有屬於自己的資源，而我是一個剛進來的門外漢，向別人請教別人也不願意教，自己摸索半天也只能接到一些小單，一個月下來生活都成問題，本來想或許這就是瓶頸期吧，再堅持堅持，可是堅持了一年，還是不見起色，於是我又選擇了放棄……後來……」

「好了。」我打斷了他的敘述說：「透過你的描述，我找到你問題的關鍵所在，其實你目前有沒有成功跟你選擇的職業無關，因為在你所列舉的這幾項職業裡，有很多人從零做起，都最終獲得了傲人的成績，他們不但買了車，買了房，還在這座大城市娶妻生子，過著相當體面的生活。而你跟他們的差距在於，你沒有做到生命中最重要的四個字『堅持到底』。」看著他迷惑的眼睛，我停頓了一下對他說：「這個世界上有很多的職業，你堅持五年你就是菁英，堅持十年你就是專業人士，堅持一輩子你就是最權威的專家。不是有句話這麼說嗎：『做好事容易，難的是一輩子做好事。』工作也是如此，找一份工作不難，難的是深深的愛上這份工作，並風雨無阻的把這份職業堅持一輩子。在我看來，你沒有做到，但有些人做到了，而且做到的人在不同程度上都獲得了成功。所以，你還準備繼續遊走於不同的工作之中，搖擺不定的調換領域嗎？」

這個世界上麻煩很多，困難也很多，有人的地方就有江湖，每個人都希望讓對方能夠朝著更有利於自己的方向做出行動，正如我們渴望每一位客戶都能乖乖的在合約上簽名，這樣就可以順順利利的拿到一筆可觀的收入。但人生哪有那麼多想當然，面對現實的殘酷，我們唯一能做的就是堅持自己的堅持，讓自己這杯新釀出來的酒，在時間的沉澱下越陳越香。假如世間真有能夠促成成功的神靈，祂所青睞的一定是那個堅持到底的人。因為光明的前夕往往是一片黑暗，但只要你能比別人多堅持一點點，再多堅持一點點，美好的願景就會伴著新生的太陽照進現實。

山窮水盡疑無路…後面呢？

有些時候人生就是這麼奇妙，我們明明覺得眼前沒有路了，自己被逼到了死衚衕，怎麼也掙脫不了，整個人馬上就要陷入絕望。但只要心還能保持冷靜，還是有可能找到絕處逢生的突破口的。

古人有句話說得好：「山窮水盡疑無路，柳暗花明又一村。」與其不斷的去相信現實的殘忍，不如堅定上天厚待眾生的那一面。如果一個人一有事只知道往死衚衕鑽，那擺在他眼前的肯定是死路一條。但假如他能做到永不放棄，積極去面對問題，說不定很快就能讓一切轉危為安。

說到這裡，想到了一個朋友張鵬，一時工作的失利讓他陷入了經濟的困境，他背負了鉅額的債務，整個人瞬間崩潰，難以接受這個痛苦的現實。每天討債的人都會到家裡來要錢，家裡稍微值錢的東西都被洗劫一空，他一個人坐在空空曠曠的房子裡發呆，覺得人生四面楚歌，根本沒有活下去的意義。好在身邊的女朋友沒有離開他，始終在鼓勵他要振作，並打電話將他目前的狀態告訴了我。

聽了這個不幸的訊息，我也很震驚，於是做了兩個小時的飛機去看他，一進門，我看到的是一張頹廢而清瘦的臉，回想起那個曾經意氣風發的年輕人，簡直與現在的他判若兩人。於是我和他一起面對面坐在地上，問他現在的情況，只見他哭著說：「完了，一切都完了，天都塌下來了，我不知道我還能做什麼，我現在真的不想活，活著太痛苦，真想永遠的閉上眼睛不再醒來。我現在活得沒有一點尊嚴，已經落得個破鼓萬人捶的局面了。誰都可以上來指責我，辱罵我，欺負我，說我欠他們的。你說像我這樣的人，活著還有什麼意義？」

我想了想，便不再過問他的經歷，而是平和的對他說：「別總在家裡待著，走，我帶你出去轉轉。」於是我們倆走出了那個幽暗的房間，外面陽光明媚，天很藍，空氣很清新，隱隱約約能聽到小鳥輕快的歌聲，於是我們走過一條小街，幾個老先生在那裡悠閒的下棋，老太太們坐在小板凳上閉著眼睛的曬太陽。這時候我對他說：「你看看他們，他們相比於你，距離死亡更近，但即便是這樣，他們都能把自己的每一天過得如此安詳，如此自在，作為年輕的你，還有那麼大把的時間去解決問題，怎麼就覺得人生沒有意義？」

於是我們又來到熱鬧的街市，很多小販在地上擺著地攤，幾個身體嚴重殘疾的乞丐在那裡拿著鐵桶沿街乞討，一些穿著制服的年輕人行色匆匆，外送員手裡一邊拿著外送的東西一邊打著電話，然後騎上電動車，一溜煙的消失在了路口的轉彎處。看著這一切，我對他說：「你知道這些人每天吃的是什麼？住的是什麼嗎？他們有的就住在低矮而密不透風的地下室裡，屋子裡蚊蠅飛舞，而自己卻連床都沒得睡，第二天早早起來就開始工作，直到深夜才回家。你看看那些身體殘缺的乞丐，他們沒有了手腳，為了生計還要沿街乞討，忍受別人的非議和白眼。你看看那些外送員，風吹日曬，為了送一份米粉恨不得像火箭一樣飛出去。而你手腳是健全的，是國立大學畢業的高材生，有著企業高層的職場經歷，你的思維敏銳，頭腦聰明，但凡找一份工作，即便是租房，各方面的條件也要比他們好，可人家還在這麼努力，你卻要不想活了，你覺得這樣對比下來真的公平嗎？

這個世界上總有人過著你想要的生活，也總有人一輩子都過不上你正在過的生活，你生活的好，有人生活的比你更好，你生活的慘，有人比你生活的更慘，但是不管怎樣，人都不能總是把自己往絕路上想，總覺得自己要完了，山窮水盡了，天崩地裂了。你看，天哪會塌下來了？外面陽光明媚的，每個人都在正常的生活著，氛圍是那麼恬淡自然。一切不過是你的錯覺。」

「那是他們沒有碰到我遇見的事。」朋友冷笑了一聲說。

「你怎麼知道人家沒遇到過更棘手的麻煩？你是趴在人家窗戶看了，還是挨家挨戶敲著門問了？張鵬，你現在要調整好自己的思路了。在我看來，你現在還有很多讓我仰視的財富啊！你的才華，你的素養，你的能力，你的人生閱歷都是一輩子成功的資本，更令我羨慕的是你還有一群即便你經歷患難還對你不離不棄的朋友，這一切是多難得啊？不就是欠了一筆債嗎？有什麼大不了的。你的身體還能正常運轉，你的腦袋還在，再加上我剛才說的其他財富，大不了一切推倒重來，就算回到了解放前憑你的能力也是可以重新邁進改革開放的。所以，別那麼沉重，重新投履歷，重新找工作，對自己負起責任，該生活生活，該還債還債，就把這一切當成按期要交付的銀行貸款，賺多還多，賺少還少，債早晚會還清的，你有必要把自己弄得那麼憔悴嗎？」

聽了我的話，朋友眼睛裡恢復了憧憬，他緊緊的握著手說：「謝謝，謝謝老天爺能讓你從那麼老遠跑來跟我說這些話，我知道我應該怎麼做了。」之後，這位張鵬開始重新投履歷找工作，憑藉自己的能力和智慧在不到三年的時間內，就還清了所有債務，並和與自己同甘共苦的女朋友結了婚。如今他們已經在大城市有了至少五間房子，還生了兩個活潑可愛的孩子。

人生就是這樣，越是山窮水盡的時候，越不要覺得自己一無所有。給自己幾分鐘，用筆一個一個的列出目前自己所擁有的一切，並努力的對自己說，目前的自己依然很富有，自己完全可以運用手裡的這些財富創造出更偉大的價值。山窮水盡並不代表真正的完結，相反它孕育著一場偉大的重生，那必將是一個嶄新的開始。

四季蛻變，凡所遇到的，都是生命的美意：
生活的智慧便是在每一個瞬間尋找意義

作　　者：李玲玲
發 行 人：黃振庭
出 版 者：崧燁文化事業有限公司
發 行 者：崧燁文化事業有限公司

E-mail：sonbookservice@gmail.com
粉 絲 頁：https://www.facebook.com/sonbookss/
網　　址：https://sonbook.net/
地　　址：台北市中正區重慶南路一段六十一號八樓 815 室
Rm. 815, 8F., No.61, Sec. 1, Chongqing S. Rd., Zhongzheng Dist., Taipei City 100, Taiwan
電　　話：(02)2370-3310
傳　　真：(02)2388-1990

印　　刷：京峯數位服務有限公司
律師顧問：廣華律師事務所 張珮琦律師

定　　價：330 元
發行日期：2024 年 01 月第一版
◎本書以 POD 印製
Design Assets from Freepik.com

國家圖書館出版品預行編目資料

四季蛻變，凡所遇到的，都是生命的美意：生活的智慧便是在每一個瞬間尋找意義 / 李玲玲 著 . -- 第一版 . -- 臺北市：崧燁文化事業有限公司 , 2024.01
面；　公分
POD 版
ISBN 978-626-357-912-5(平裝)
1.CST: 人生哲學 2.CST: 自我實現
191.9　　112021772

電子書購買

臉書

爽讀 APP